現場で使える
ケアプラン便利帖
＜書き方・文例集＞ 第2版

ケアプラン研究会 著

本書内容に関するお問い合わせについて

このたびは翔泳社の書籍をお買い上げいただき、誠にありがとうございます。弊社では、読者の皆様からのお問い合わせに適切に対応させていただくため、以下のガイドラインへのご協力をお願い致しております。下記項目をお読みいただき、手順に従ってお問い合わせください。

● **ご質問される前に**

弊社Webサイトの「正誤表」をご参照ください。これまでに判明した正誤や追加情報を掲載しています。

正誤表 https://www.shoeisha.co.jp/book/errata/

● **ご質問方法**

弊社Webサイトの「刊行物Q&A」をご利用ください。

刊行物Q&A https://www.shoeisha.co.jp/book/qa/

インターネットをご利用でない場合は、FAXまたは郵便にて、下記 "愛読者サービスセンター" までお問い合わせください。

電話でのご質問は、お受けしておりません。

● **回答について**

回答は、ご質問いただいた手段によってご返事申し上げます。ご質問の内容によっては、回答に数日ないしはそれ以上の期間を要する場合があります。

● **ご質問に際してのご注意**

本書の対象を越えるもの、記述個所を特定されないもの、また読者固有の環境に起因するご質問等にはお答えできませんので、あらかじめご了承ください。

● **郵便物送付先およびFAX番号**

送付先住所

〒160-0006　東京都新宿区舟町5

FAX番号 03-5362-3818

宛先 （株）翔泳社 愛読者サービスセンター

● **免責事項**

※本書の記載内容は，2018年6月現在の法令等に基づいています。

※本書の出版にあたっては正確な記述に努めましたが，著者および出版社のいずれも，本書の内容に対してなんらかの保証をするものではありません。

※本書に記載されたURL等は予告なく変更される場合があります。

※本書に記載されている会社名，製品名はそれぞれ各社の商標および登録商標です。

※本書では™，®，©は割愛させていただいております。

はじめに

要介護（要支援）認定者数は、2018年3月で641万3000人（男性200万6000人、女性440万7000人）となっています（厚生労働省の資料より）。高齢化を背景に認定者数は増加の一途をたどり、それにともなってケアマネジャーの多忙さも増しています。また、利用者の自立支援という介護保険の理念に基づき、「お世話型」の支援に傾きがちだった状況を是正しようという方針が明確に示されるなど、ケアマネジメントの現場は変革を続けています。

利用者の生活背景や健康状態は1人ひとり異なります。それを的確にアセスメントし、自立に結びつくケアプランを作成するのは簡単なことではなくありません。厚生労働省の調査（2015年11月調査）によると、ケアマネジャー1人当たりの担当利用者の平均は34.6人で、前回（2013年11月調査）の36.2人から減少していますが、個別性のあるケアプランを作成することも大きな課題で、特に文章表現はどれも似たようなものになってしまうことが多いのではないでしょうか。

本書は、2012年発行の『現場で使えるケアプラン便利帖』の改訂版です。「お世話型」から「自立支援型」への流れを踏まえ、利用者の自立を促すケアプランの作成に役立つ書き方・文例を数多く掲載しました。医療との連携がさらに求められるようになったことを受け、巻末の医療用語、薬事用語もさらに充実させています。

日々のケアプラン作成に役立てていただければ幸いです。

2018年6月

ケアプラン研究会

本書の使い方

本書の構成
　本書は、ケアマネジャーの主要な業務であるケアプラン作成の流れに沿って、アセスメント、ケアプラン作成、ケアプラン見直しの3つのPartで構成しています。それぞれ疾患別に、ケアプランの文例・ヒアリング例を掲載しています。業務の段階、利用者の疾患に合わせて、必要な文例をスムーズに確認できます。また、これらの文例は、ダウンロードしてご利用いただけます。

　各Partでは同様、もしくは類似の疾患を扱っています。たとえばアルツハイマー型認知症の利用者のアセスメントを行う際に、アルツハイマー型認知症のケースでのケアプランの例も併せて確認することで、より精度の高いアセスメントが行えます。

実践シートのダウンロード方法
本書で紹介している文例および書式を「特典」として用意しています（ ダウンロード対応 と記載されたもののみ）。

SHOEISHA iD メンバー購入特典
特典ファイルは、以下のサイトからダウンロードして入手いただけます。

https://www.shoeisha.co.jp/book/present/9784798157054

特典ファイルは圧縮されています。ダウンロードしたファイルをダブルクリックすると、ファイルが解凍され、ご利用いただくことができます。

注意　特典ダウンロードの際には、SHOEISHA iD（翔泳社が運営する無料の会員制度）への会員登録が必要です。

紙面の構成

Part.1

ケアプラン作成に際して、まずアセスメントを行う必要があります。そこで重要なのが利用者へのヒアリング。利用者の意向、状況をしっかり把握するための聞き方と聞く際のポイントを、課題分析の項目ごとに記載しています。

利用者に多く見られる6つの疾患をピックアップしています

ここで紹介している事例です。なおPart.2の事例とリンクしていません

アセスメントシートの項目別に聞き方の例を掲載しています

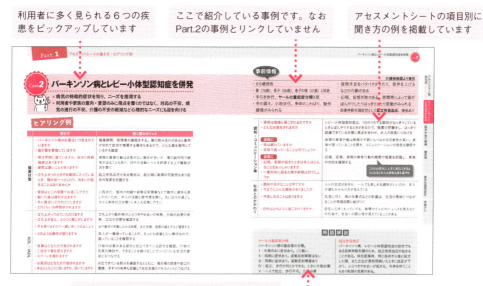

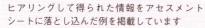

アセスメントの際に知っておきたい医療用語を解説しています

ヒアリングして得られた情報をアセスメントシートに落とし込んだ例を掲載しています

疾患別アセスメント時の会話例

面談は、ケアマネが一方的に質問していくものではありません。どのような会話で聞き出していくか、例を紹介しています

005

Part.2

アセスメントを行い、ニーズ把握、課題分析を終えたら、次にケアプランを作成します。ケアプラン第1～3表を作成する際のポイントを紹介し、その後に症例ごとの記載例と項目ごとの文例を掲載しています。

> Part.1と同様に、利用者に多くみられる疾患をピックアップしています。一部、表現のバリエーションをより多く紹介するため、類似する別の疾患を選定しています

> 記載する際に見落としがちなポイントを「う～ん」の吹き出しで示し、付け加えておきたい文例を紹介しています

> 記載例です。各項目で特にお勧めしたい記載の仕方を「Good!」の吹き出しで紹介しています

> ケアプランを作成する事例です。まず先に目を通してください

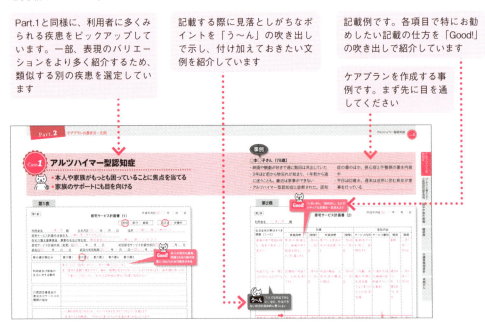

> 書き終えた後に情報に漏れがないか確認するためのチェックリストを掲載しています

> 各項目の文例を紹介しています。得た情報をどのように表現するか参考にしてください

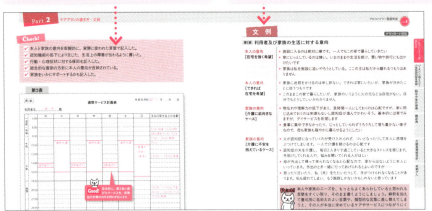

Part.3

ケアプランは一度作成して終わりではありません。状況の変化で見直しが必要となります。ケアプラン第1～2表の見直し前と見直し後の記載例を掲載しています。

Part.2と同じ疾患をピックアップしています

見直し前のケアプランです。Part.2の事例をもとにしていますが、見直し前と見直し後の比較をしやすいように、記載例をコンパクトにしています

Part.2と同じ事例です。時間が経過したことで悪化したり、変化した点を「変わった状況」に示しています（Case5は、悪化することで疾患名自体を変更しています）

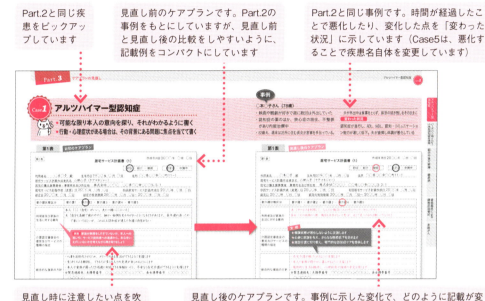

見直し時に注意したい点を吹き出しで示しています

見直し後のケアプランです。事例に示した変化で、どのように記載が変わるか参考にしてください。色字が変更した点です。また、全体の刷新が求められるため、変更がない内容でも表現自体は変更しています（黒字で記載してある文章が、変更はなくても表現を変えている箇所です）

見直し時の注意点を記載しています

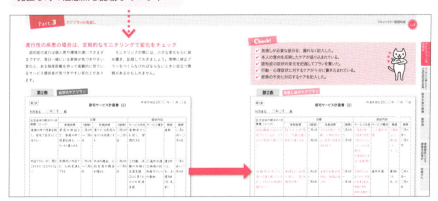

007

はじめに ……………………………………………………………………………… 003

本書の使い方 ……………………………………………………………………… 004

Part.1 アセスメントシートの書き方・ヒアリング例

「お世話型」から「自立支援型」のケアプランへ ………………………………… 012

アセスメントを行う際に着目すべきポイント ………………………………… 014

アセスメントシート記載の例 …………………………………………………… 016

Case1 アルツハイマー型認知症 ……………………………………… 018

Case2 パーキンソン病とレビー小体型認知症を併発 ………………… 022

Case3 脳卒中後片麻痺 ………………………………………………… 026

Case4 糖尿病 …………………………………………………………… 030

Case5 変形性膝関節症 ………………………………………………… 034

Case6 末期がん ………………………………………………………… 038

末期がんの看取りのケアプラン ………………………………………………… 042

末期がんの利用者・家族とのコミュニケーションとアセスメント ………… 044

疾患別利用者・家族との会話例 ………………………………………………… 046

Part.2 ケアプランの書き方・文例

ケアプランを確実に効率よく書くには ………………………………………… 054

ケアプラン第1表を書く際のポイント ………………………………………… 056

ケアプラン第2表を書く際のポイント	058
ケアプラン第3表を書く際のポイント	060

Case1	アルツハイマー型認知症	062
Case2	パーキンソン病とレビー小体型認知症を併発	068
Case3	脳卒中後片麻痺	074
Case4	糖尿病	080
Case5	大腿骨頸部骨折	086
Case6	末期がん	092

Part.3 ケアプランの見直し

ケアプラン点検を効果的に行うために	100
課題整理総括表、評価表を活用しケアプランを見直す	104

Case1	アルツハイマー型認知症	108
Case2	パーキンソン病とレビー小体型認知症を併発	112
Case3	脳卒中後片麻痺	116
Case4	糖尿病	120
Case5	骨粗鬆症による腰椎圧迫骨折	124
Case6	末期がん	128

COLUMN	医療専門職とのコミュニケーション	132

巻末資料

ケアプラン第4表　「サービス担当者会議の要点」の記載例 …………… 134

ケアプラン第5表　「居宅介護支援経過」の記載例 …………………… 136

「情報提供書」の記載例 …………………………………………………… 138

「退院・退所情報記録書」の記載例 ……………………………………… 140

「入院時情報提供書」の記載例 …………………………………………… 142

知っておきたい医療用語 ……………………………………………… 144

知っておきたい薬事用語 ……………………………………………… 150

索引 ……………………………………………………………………… 158

Part.1
アセスメントシートの書き方・ヒアリング例

本Partでは、アセスメントシートを書く際に重要なヒアリングを中心に説明します。アセスメントの際に確認すべき内容について、聞き方（セリフ）や聞く際のポイントを、疾患別、課題分析の項目別に紹介しています。利用者との面談前に、確認事項を整理する際にお役立てください。

Part.1 アセスメントシートの書き方・ヒアリング例

「お世話型」から「自立支援型」のケアプランへ

「お世話型」は利用者の自立を妨げるリスクがある

　介護保険法の理念は、その第2条に「要介護状態又は要支援状態の軽減又は悪化の防止に資するよう」とあるように、「自立支援」です。しかし、現実にはかえって自立を阻むようなケアプランが作成されているとの指摘があり、2012年の制度改正により、「地域包括ケアシステムの構築」とともに「自立支援型ケアマネジメントの推進」が明示されました。

　たとえば、日常生活での活動量が減り、足腰が弱って入浴ができなくなっている利用者に対し、本来は「自分で入浴することができる」という目標を立て、機能訓練や住宅改修などをケアプランに盛り込むべきところ、目標を「清潔を保持する」、サービス内容を「デイサービスでの入浴」などとしてしまうと、自宅で入浴できない状態は改善しません。つまり、お世話なしには生活できなくなり、自立に向かえないどころか重度化を促すことに。実際に、要支援の6人に1人は1年後に要介護になるというデータもあります。

「自立支援型」にするには高齢者の生活や健康に関する知識が必要

　自立支援型のケアプランを作成するには、利用者のライフスタイルを十分に理解するとともに、生活の自立度を上げる（または維持する）ための知識を身につける必要があります。高齢者が要支援、要介護になってしまう大きな原因は、社会とのつながりが薄れて閉じこもりがちになってしまうことです。閉じこもる理由は、老化による体力の低下や変形性膝関節症による膝痛など身体的要因、出かけるのがおっくうなどの心理的要因、地域の環境や他者との交流の場の有無など社会的要因の3つがあり、相互に影響しあっています。

　なぜ閉じこもりがちになっているのかを的確にアセスメントし、さらに、水分摂取、栄養摂取、口腔環境など、健康状態に影響する因子についても評価できれば、解決すべき課題（ニーズ）が具体的に浮かび上がり、ケアプランに記載する文の表現もより豊かになります。

「お世話型」から「自立支援型」のケアプランへ

自立支援型ケアマネジメントのイメージ

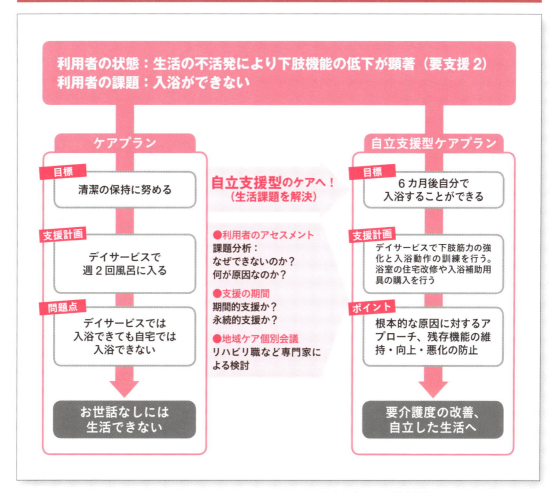

出所:和歌山県HP「自立支援型ケアマネジメントのイメージ」

ポイント

自立支援型のケアプランの作成には、高齢者が閉じこもりがちになる原因や、健康状態に影響を与える因子について知っておくことが大切！

Part.1 アセスメントシートの書き方・ヒアリング例

アセスメントを行う際に着目すべきポイント

本人の「している」「できている」生活行為を明らかにする

　ケアプランを作成するには、まず利用者の状況、考えを理解し、望んでいる生活のためにいまどのような課題があるのかを分析しなければなりません。課題分析のために必要なのは、「している生活行為」と「できている生活行為」を見極め、それに対する「本人の思い」を明らかにすることです。面談でそれらをしっかり聞き取り、整理してアセスメントシートに落とし込んでいきます。

　アセスメントシート（課題分析項目）は、ケアプラン作成のための材料です。状況を体系的に整理し、課題を検討するためのものであって「アセスメントシートを書く」ことにとらわれては、本来の意義をなしません。目的は、利用者のことを「理解する」「考える」ことです。

本人の「している」「できている」生活行為に着目

「している」「できている」生活行為
　例 近所のスーパーに毎日買い物に行く／食事は自分でつくっている

考える順番①

1. その生活行為のどこに「生きがい」を見いだしているか
　例：「長年家族のために食事をつくり、健康を支えてきた」ことに対する誇り

2.「生きがい」の要素を抽出し、その部分を支援
　例：家族の健康を考え、自分で買い物して調理する

3. どの部分を支援する？

例：必要な食材を買い忘れる／調理の手順がわからなくなることがある／火の始末が心配（家族）

3 が総合的な課題となる

考える順番②

4. その生活行為について「どうなれば」生活の満足度が増すか

例：自分で買い物をして、安全に調理できる／その人の仕事、役割として家族に認めてもらえる

5. より高い満足度を目指して、進むべき方向を見出す

例：自信を持って食事をつくり、家族とおいしく食べる

6. 何を目指して支援するか

例：献立を考え、必要なものを過不足なく買える／献立通りの料理がつくれる／家族と一緒に楽しく食べる

本人が生活する上での目標を設定する

考える順番③

7. いつ、どこで、誰と、という満足感の条件を広く見る

例：馴染みのスーパーで買い物し、使い慣れた自宅の台所で調理する／つくった料理を自宅で家族とともに食べる

8. 本人の社会や環境との向き合い方に注目する

例：主婦として、夫や子どもたちのために家事をしてきた／出来合いの総菜はできるだけ避け、手作りを心がけてきた

9. どんな環境で支援するか

例：買い物、調理を見守り、必要に応じて介助

具体的な支援の方法を考える

ポイント

アセスメントシートに記載する際は、常に課題抽出から課題分析の過程を頭に置き、潜在的な"解決すべき課題"を取りこぼさずに記入しましょう。

Part.1 アセスメントシートの書き方・ヒアリング例

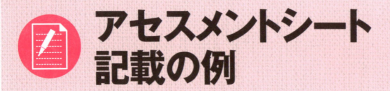
アセスメントシート記載の例

　アセスメントシートの書式は、チェックリスト方式から記述方式までさまざまあり、自治体ごとに異なります。本書では、課題分析標準23項目のうちアセスメントに関する項目について、右ページのような記述方式で解説します。

記載の流れ

❶ アセスメント面談で聞き取った「している生活行為」と「できている生活行為」について、聞き取りメモをもとに書き出し、その上でいま維持できていることを各項目に書き込む ➡ Ⓐ～Ⓖ

❷「している生活行為」「できている生活行為」に関連した本人以外（家族など）の状況を、各項目に書き込む ➡ ⒶⒷⒸⒹⒻⒼ

❸「している」と「できている」以外の生活行為について、各項目を補完していく ➡ ⒶⒷⒸⒹⒻⒼ

❹ 本人が「もっとこうしたい」と訴えていることを「ご利用者が望む生活」に記入 ➡ Ⓗ

❺「している生活行為」「できている生活行為」を整理して「社会とのかかわり」に記入 ➡ Ⓔ

アセスメントシート記載の例

アセスメントシート

Ⓐ	健康状態	・高血圧で月2回通院 ・変形性膝関節症にて右膝は人工関節。術後痛みが軽度持続している ・軽度認知障害（MCI）と診断されている
Ⓑ	ADL	・杖歩行だが、ふらつきがあり家族が心配している ・排泄は自立、入浴は一部見守りを要する
Ⓒ	IADL	・近所のスーパーに毎日買い物に出かける（買ったものはあとで届けてもらっている） ・食事は自分でつくっている ・掃除、洗濯は一部介助
Ⓓ	認知・ コミュニケーション	・物忘れはあるが、会話は早口でなければ理解できる ・買い物に行っても買い忘れるものが増えてきた ・ときどき鍋を焦がしてしまう ・ときどき服薬を忘れる
Ⓔ	社会とのかかわり	・同じ県内に暮らす妹と毎日電話でおしゃべりするのが楽しみ ・地域のコミュニティープラザで週1回カラオケのサークルに参加
Ⓕ	排泄、皮膚の状態、 食事摂取、 口腔衛生の状態など	・腹圧がかかったときの尿失禁が少量あり ・以前よりは食が細くなったものの、食欲はあり、何でも食べられる ・総入れ歯の手入れは自分で行っている
Ⓖ	介護力・住環境など	・長男夫婦と同居。長男夫婦の協力体制は良好だが共働き ・一戸建て。本人の部屋は1階にある ・家の周辺には坂道も多く、スーパーへの道のりにもゆるい坂あり
Ⓗ	ご利用者が望む生活	・家族のために食事をつくりたい ・一人で外出できる能力を維持し、買い物、カラオケサークルへの参加を続けたい ・認知症に移行する期間を少しでも遅らせたい

課題分析標準23項目のうちのアセスメントに関する項目
健康状況、ADL（日常生活動作）、IADL（手段的日常生活動作）、認知、コミュニケーション能力、社会とのかかわり、排尿・排便、褥瘡・皮膚の問題、口腔衛生、食事摂取、問題行動、介護力、居住環境、特別な状況

上の例からみえてくる課題

・献立に基づいて買い物し、調理するという生活行為に支援が必要
・「一人で外出」できる状態を保つため、歩行能力を向上・維持させる
・楽しみとなっているカラオケサークルへの参加継続
・高血圧を悪化させないための服薬介助　など

017

Part.1 アセスメントシートの書き方・ヒアリング例

Case.1 アルツハイマー型認知症

- 認知や排泄のことなど、デリケートな項目は、答えやすい質問から始め、本当に困っていそうなことは場が少しほぐれてから聞く
- 薬は現物を確認する

ヒアリング例

	聞き方の例	聞く際のポイント
健康状態	・病院にかかっていらっしゃいますね。通院はどうなさっていますか	通院先までの距離、交通手段、通院頻度を確認する
	・いまお手元にある薬を見せていただけますか	処方日と残薬を確認し、服薬状況についてたずねる **薬は現物を確認しよう**
	・お薬はいつ飲んでいますか	指示通り服薬できているか確認。飲み忘れがあれば、忘れやすい状況を聞く
	・夜は何時に寝て、朝何時に起きますか ・眠るお薬が出ていますが、効いていますか ・昼間眠くないですか	睡眠導入薬を飲んでいる場合は、効果を確認する **高齢者によく処方される薬の特徴を理解しておくとよい** 昼夜逆転となっていないか、就寝の状況を理解する
	・お通じは毎日ありますか ・だいたいいつ頃お通じがありますか ・どんなお通じが出ますか（バナナみたい？ コロコロ？） ・おなかの張りや、お通じが出きっていない感じはありますか	便通の状態はなるべく詳しく聞き、緩下剤の効果を確認する
ADL・IADL	・トイレまで歩けますか ・間に合わないことがありますか	一緒に歩いて確認してみるとよい。トイレが和式か洋式かもチェック。排泄の失敗はデリケートな問題なので、本人の気持ちにも配慮する
	・家の中での行動範囲を教えてください	トイレ、台所、お風呂場など、よく利用する場所を確認してより正確なADLを把握する
	・お風呂は一人で入れますか ・週に何回入りますか ・どんなふうに入るか教えてください ・お風呂で困ることはありますか	IADLには、その人の生活歴や習慣があらわれやすい。「している」「できている」生活行為を抽出しながら、援助が必要な生活行為も見つけ出していく

018

アルツハイマー型認知症 Case 1

事前情報

地域包括支援センター窓口より提供

- 78歳女性
- 娘（45歳）、孫娘（19歳・大学生）と同居
- 右大腿骨頸部骨折後、認知症症状が出現。ドネペジル（アリセプト）内服中
- 高血圧治療中

- 杖歩行
- 抑うつ傾向があり自室に引きこもりがち
- 食欲低下気味
- 高血圧、骨粗鬆症、不眠、便秘の薬が処方されている

ADL・IADL

- 週に何回出かけますか
- 外出するのはどんなときですか

本人が頑張って出かけている場所はどこか、目的は何かを掘り下げて聞き、大切な習慣や楽しみを理解する。また、運動不足は筋力低下、骨密度低下、便秘などにつながるので、運動量という側面からもアセスメントする必要がある

認知・コミュニケーション等

- お食事はご家族と一緒にされるのですか。そのときにどんなお話をされるのでしょうか
- お孫さんとはどんなお話をされますか

家族に
- お母様（おばあさま）の物忘れなどで、特に困っていることは何でしょう
- 今一番改善したいと思っていることは何ですか

自発的な会話があるか、家族の問いかけにどの程度反応するか、どんな話題に興味を持っているかなどを聞く。抑うつ状態でも、趣味や好きだったこと、自慢できることについてはよく話してくれることがあり、ケアプラン作成のヒントにもなる

認知、コミュニケーションについては、家族が困っていることを十分に聞き出す

当事者のプライドを傷つけないよう、まず話しやすい雰囲気をつくり、改善できることの糸口をみつける

> 人間関係をつくりながら、徐々に聞き出していくことも考えよう

Point! 家族が気持ちに余裕を持てなくなっていることも少なくありません。傾聴の姿勢を徹底し、安心感を持ってもらうことが大切です。

社会とのかかわり

- 趣味はお持ちですか
- （その趣味は）いつ頃からなさっているのですか
- ご自分で買い物に行かれることはありますか
- よく行くお店はどちらですか
- いつもどんなものを買われるのでしょう

昔からの趣味で、現在も楽しく取り組んでいるものがあれば、長期目標に生かすことができる

女性の場合は、日々の買い物が習慣になっている人が多い。買い物の目的、行きつけの店での様子（会話はあるかなど）から、本人が望む生活のヒントが見つかることもある

Point! 大腿骨頸部骨折で杖歩行となり、外出が困難になっている場合は、元気な頃の様子を聞きましょう。歩行困難が本人の望む生活の壁になっているようであれば、取り戻したいと思っている生活が長期目標に結びつきます。

019

Part.1 アセスメントシートの書き方・ヒアリング例

排泄・皮膚の状態・食事摂取・口腔衛生の状態など	・手すりの位置とか、トイレで困っていることはありますか ・夜もトイレに行くことはありますか ・足元が暗かったり、困ることはないですか	排泄に関することは、たとえば失禁などがあってもそこから入るのではなく、手すりやトイレまでの道のりといった、本人の障害や能力とは少し離れた、環境の問題から入ると話しやすい
	・お食事はおいしく食べられていますか ・何時頃食べますか ・好きなものは何ですか	好きな食べ物の話題など、明るい話から入っていくと本人も家族も話しやすい。食欲低下により、低栄養をまねく可能性があるので、炭水化物、たんぱく質、脂質、ビタミンミネラルがバランスよく摂取されているか、摂取エネルギーは適切かなどを考えながら聞いていく

 Point! 骨粗鬆症の場合は、カルシウム、ビタミンDやK、たんぱく質などが不足すると骨密度低下につながります。食事摂取量の低下や食物繊維の不足は、便秘の原因になります。また、咀嚼や嚥下の問題が食欲不振につながっていることもあります。

介護力・住環境など	**家族に（全員）** ・お仕事（学校）に出かけられるのは何時頃ですか ・帰宅時間はだいたい何時頃でしょう	家族全員の生活パターンをしっかり把握する *家族が対応できないときの対策を考え、プランに盛り込もう*
	家族に（主な介護者） ・物忘れや、歩くことが不自由になったことなどで、困っていることがあれば教えてください	ヒアリングなどから予測される必要なサービスをいくつか具体的に提案し、その上で尋ねたほうが家族はイメージしやすい。抽象的な聞き方をすると、抽象的な返答が返ってくることも多い
	・入浴の見守りや日中の食事づくりなどが必要だと考えていますが、ご家族としてはどんなサービスが受けられるとよいと考えていますか ・サービスについて、ご希望があれば何でも聞かせてください	排泄の失敗があると、家族は「もう自分たちではみられない」と感じることが多く、パニックになっていることもある。失禁の原因や理由によっては改善できることもあるが、まずは家族の話に耳を傾け、落ち着いてからこちらの意見を述べるようにする
	・手すりや段差の解消、お風呂場に椅子を設置することが必要だと考えていますが、何かご要望はありますか	自宅の様子や本人の身体機能、ヒアリングなどから、必要と思われる自宅改修や介護用具の利用を提案し、家族の意向を聞く。その上で、さらに希望することがあるかどうか聞く

ヒアリングした内容を客観的な言葉で書きましょう。必要な支援が漏れないように、再チェックはしっかりと！

アルツハイマー型認知症　Case**1**

ご利用者が望む生活

- ご趣味の〇〇〇が、これからも続けられるといいですね
- 外出は、日光浴や適度な運動にもなりますよね
- 娘さんが仕事を続けながら、ご家族3人で暮らしていけるよう、ケアプランを考えてみましょう
- いろいろご提案しますので、〇〇さんもご希望を考えておいてくださいね

ヒアリングなどから得られた情報、本人や家族の言葉から、「もっとこうしたい」と考えている意向に見当をつけ、確認していく。ただし、こちらの意向で決めつけないように注意する

本人にとって快適な環境とはどのようなものかを大切にする。家族の意向とのギャップはないか注意する

> ヒアリングの締めくくりは、できるだけポジティブな言葉で終わるようにするとよい

（右側タブ）
アルツハイマー型認知症 / パーキンソン病とレビー小体型認知症を併発 / 脳卒中後片麻痺 / 糖尿病 / 変形性膝関節症 / 末期がん

ヒアリング結果をもとに作成したアセスメントシートの例

健康状態	社会とのかかわり
・高血圧、骨粗鬆症、不眠、便秘にて、2週間に1回通院 ・身長155cm、体重65kg、BMI 27で、肥満度1 ・右ひざ痛軽度あり	・毎週日曜日は10:00までに教会に行き、12:00すぎに帰宅 ・教会側が軽度認知症のあることを理解しているので、サポートが得られている
ADL	排泄、皮膚の状態、食事摂取、口腔衛生の状態など
・杖歩行。外に出かけるときは車に乗せられて行く ・起居動作、着替えは自立 ・トイレは見守り、入浴は介助が必要	・便通は毎日あるが、時間が不規則。便の性状が硬く、量が少ないためか、残便感あり ・好き嫌いが多く、野菜はほとんど食べない ・入れ歯が合わなくなってきており、好きな肉がよくかめない
IADL	介護力・住環境など
・部屋の片付けは自分で行うが、他の家事は娘が行っている	・団地の3階。エレベーターあり ・エレベーターまでは杖歩行にて可能 ・娘（公務員）は、8:15に出かけ、帰宅は19:30くらい ・孫が自宅にいるときは介護を手伝っている
認知・コミュニケーション等	ご利用者が望む生活
・自発的に話すことはないが、問いかければ答える ・ときおり見当識の混乱がみられる ・聴力がやや低下しているが、はっきりした声でゆっくり話せば問題はない	・本人「娘と孫と3人で暮らしている今が幸せ。教会には通える限り通い、少しでも役に立ちたい」 ・娘「母の認知症があまり進まなければ、ヘルパーさんに手伝ってもらいながら一緒に暮らしていけると思う。仕事に支障が出たら考えなくてはいけない」

Part.1 アセスメントシートの書き方・ヒアリング例

Case 2 パーキンソン病とレビー小体型認知症を併発

- 病気の特徴的症状を知り、ニーズを推測する
- 利用者や家族の意向・要望のみに視点を置くのではなく、対応の不安、病気の進行の不安、介護の不安の軽減など心理的なニーズにも目を向ける

ヒアリング例

	聞き方	聞く際のポイント
健康状態	・パーキンソン病のお薬はいつ飲まれていますか ・誰が薬を管理していますか	服薬時間、管理者の確認をする。薬の飲み忘れがあると薬効が切れて症状が憎悪する場合もあるので、どんな薬を服用しているかも確認
	・夜は何時に寝ていますか、起きた時熟睡感はありますか ・昼間は眠いことがありますか	夜間の異常行動は自覚がない場合が多いが、薬の副作用で眠気が出ることもあり、日中の活動レベルを評価する上で睡眠状況を聞く
	・立ち上がったときやお風呂に入っているとき、頭がぼーっとしたり、めまいが起きることはありませんか	起立性低血圧がある場合は、起立時に転倒の可能性もあり症状の程度を把握する
	・普段はどこの部屋でお過ごしですか ・動いた後は疲れが出ますか ・外に散歩に行かれたりしますか ・どのくらいの時間歩かれますか	小股歩行、筋肉の拘縮や姿勢反射障害などで動作に疲労も感じやすいため、本人の活動と疲労感を聞く。先に日々の過ごし方から身体状況を聞くと本人も自覚しやすい
ADL・IADL	・立ち上がってみていただけますか ・立ち上がると、ふらつく感じがしますか	立ち上がり動作時のふらつきやめまいの有無、介助の必要の有無、立位の状態を確認する
	・手を取りますので一緒に歩いてみましょう	歩行動作の初動にかかる時間、歩行状態、段差の越え方など確認する
	・どのような動作が困りますか	本人が一番困っていることが、もっとも改善したい箇所なので、困っていることを確認する
	・食事はどなたが介助されますか ・ご自分で箸を使えますか ・スプーンを握れますか	介助の必要がある部分と自立できている部分を確認。介助の用具の検討や、できることを続けることでリハビリにも生活の意欲にもつながる
	・お風呂はどなたが介助されますか ・体はどんなふうに洗いますか。拭いていますか	自立できている部分を確認するとともに、風呂場の段差や蛇口の種類、手すりの有無も把握して自立支援のアセスメントにつなげる
	・寝返りを打って体の向きを変えていますか ・座った姿勢をよく変えますか	筋拘縮のため自力での体位変換が難しくなると褥瘡ができやすい。起こりうるリスクを防止するためのプランを考える

パーキンソン病とレビー小体型認知症を併発

事前情報

介護保険課より提供

- 80歳男性
- 妻（76歳）、息子（50歳）、息子の嫁（47歳）と同居
- 手引き歩行、**ヤールの重症度分類**Ⅱ度
- 手の震え、小股歩行、身体のこわばり、動作緩慢がみられる
- 夜間手足をバタバタさせたり、奇声を上げるなどの行動がある
- 幻視、妄想が時々ある。時間帯によって頭がぼんやりしたりはっきりしたり変動がみられる
- 自律神経失調症状として**起立性低血圧**、便秘あり

認知・コミュニケーション等	・普段は奥様と過ごされるのですか ・どんなお話をされますか	レビー小体型認知症は、1日のうちでも認知がはっきりしているときとぼんやりするときがあるので、程度の把握をし、はっきり認識できている状態に焦点を合わせ、本人の自信につなげる
	家族に ・夜は眠れていますか ・夜間で困っていることは何でしょうか	夜間の異常行動は家族の不眠にもつながる可能性が高い。家族が困っていることを聞き、コミュニケーションの程度を確認する
	家族に ・幻視、妄想が起きたときは本人はどんなことをおっしゃいますか ・一番対応に困る幻視や妄想は何でしょうか	幻視、妄想、夜間の異常行動の頻度や程度を把握し、家族の対応を確認する これらの症状に上手に対応できるようになると本人も家族も落ち着ける
社会とのかかわり	・趣味や好きなことは何ですか ・今までにどんな趣味がありましたか	人との交流が好きか、一人でも楽しめる趣味がいいのか、本人が望むかかわり方が見えてくる
	・今楽しみなことはありますか	花見に行く、孫の卒業式などの計画は、生活の意欲につながることが短期目標に結びつく
	・日中はどのように過ごされてますか	自宅に引きこもっていても、新聞やテレビのニュースを見るなどの行為で、社会への関心度が見えてくることがある

用語解説

ヤールの重症度分類
パーキンソン病の重症度の分類。
Ⅰ：片側のみに症状あり。ごく軽い
Ⅱ：両側に症状あり。姿勢反射障害はない
Ⅲ：両側に症状あり。姿勢反射障害あり
Ⅳ：起立、歩行が何とかできる。ときに介助必要
Ⅴ：一人で起立、歩行不可。介助必要

起立性低血圧
パーキンソン病、レビー小体型認知症の症状でもある自律神経失調のため、起立性低血圧が起きることがある。体位変換時、特に臥床から急に起立した際、また立位が長時間続いたときに血圧が下がり、ふらつきやめまいが起きる。失神を伴うこともあり転倒の危険がある。

023

Part.1 アセスメントシートの書き方・ヒアリング例

排泄・皮膚の状態・食事摂取・口腔衛生の状態など	・トイレについて相談したいことはありますか ・食事は何が好きですか ・嫌いなものはありますか ・お箸を使いますか ・水分は1日どれくらい飲みますか ・食事時間はどのくらいですか ・飲み込みにくいものはありますか ・食事中むせることはありませんか	高血圧、脂質異常症など、生活習慣病がある場合、食事の好みや摂取量などを確認し、病状の悪化防止策を立てる 摂取状況、一部介助の方法、自助具の利用頻度を聞くことで本人が望むことにつなげる。便秘がある場合は、食物繊維の摂取状況や水分摂取量も把握する パーキンソン病では**嚥下障害**が起きることが多いといわれるので、食事の状況を把握し、誤嚥性肺炎防止、低栄養状態回避につなげる。食事のときの姿勢、介助の方法も把握する
介護力・住環境など	家族に ・奥様は、夜何時頃寝て、何時に起きますか ・睡眠不足でつらいのではないですか ・家の中でつまずきやすい場所がありますか	夜間の異常行動で家族が不眠になると、本人に対して否定的な感情を持ち介護力にも影響が出る。家族の生活パターンへの影響を聞く *パーキンソン病、レビー小体型認知症では、夜間に特徴的な症状が出やすいので、夜間の状況をよく聞こう* 家の中でつまずくかではなく、実際につまずきやすい場所を確認し、室内環境の整備の具合を具体的にすることが必要

Point! パーキンソン病とレビー小体型認知症がある場合、転倒する確率が他の認知症より10倍多くなります。パーキンソン病は歩行障害（小股歩行、小刻み歩行、前かがみ、すくみ足、突進歩行）が出現するので、室内環境を整えるなどして転倒を防止する必要があります。

	家族に ・歩行介助をされていて本人が転びそうになったり、危険な思いをされたことがありますか ・介助で困ったことはありますか	実際に歩行介助をしてみてもらい、客観的に観察することで介護者の負担の程度や転倒の危険度を確認する
ご利用者が望む生活	・転ぶ不安が減ると安心して移動ができますね ・お孫さんの卒業が楽しみですね ・今できていることを続けていきましょう ・皆さんがご自分の生活のペースを守れますよう、サポートしますね	身体的ニーズ、精神的ニーズ、心理的ニーズ、家族のニーズを整理して確認。パーキンソン病や認知症は徐々に進行していくのでご本人、家族の不安を汲み取っていくヒアリングが望ましい

用語解説

嚥下障害
パーキンソン病では、体の運動障害と同じように喉の奥の筋肉の動きが低下し、飲み込みにくくなる嚥下障害も起きる可能性がある。

パーキンソン病とレビー小体型認知症を併発 Case2

病気が併発している場合は、それぞれの症状を分類してアセスメントシートに落とし込む必要があります。そのためにも、それぞれの病気の関連性をよく理解しておきましょう

ヒアリング結果をもとに作成したアセスメントシートの例

健康状態	社会とのかかわり
・薬を飲みはじめてから、夜間の異常行動は週1、2回から月に2、3回に減っている ・起立性低血圧は朝、ベッドから立位になるときに多くみられる。トイレで立位になるときも時折出現 ・小刻み歩行、動作緩慢、筋拘縮、無表情、手の震えがある ・嚥下障害がありむせやすい。誤嚥性肺炎の既往はない	・一日中、自室のソファで過ごす。妻が外出するときはベッドに横になっている ・近所の人や親戚の訪問はない ・もともとは営業の仕事をしていて話好き、家族とも会話が多かった
ADL	排泄、皮膚の状態、食事摂取、口腔衛生の状態など
・起居および立位時介助、手引き歩行、5歩くらい歩くと足が動かしづらくなり休む ・着替え、洗面は促すとゆっくりだが自分で行える ・トイレ前後は介助、入浴は促すとゆっくり体の前面のみ洗える	・排尿、排便は自分で知らせる。排便は週に2回硬い便が少量のみ ・排尿回数は朝、昼、夜の3回。便座に座るとき、立つときに介助必要 ・食事は3回少量ずつ。肉は咀嚼に時間がかかり飲み込まずに出すこともある ・水分はむせやすいため、とろみ剤使用。手の震えのため、大量に口に入ってしまいむせることがある ・総義歯
IADL	介護力・住環境など
・家事、掃除は息子の嫁が行っている ・金銭管理は妻	・息子は仕事で出張も多く介護にはかかわることが難しい。息子の嫁も家事とパートの仕事で介護にはかかわっていない ・妻は外出が好きで、本人が日中一人でいることも多い ・風呂場に手すりはあるが、トイレ、廊下にはない ・寝室兼自室は北向きで日光が入らない
認知・コミュニケーション等	ご利用者が望む生活
・記憶障害、見当識障害があるが発語が少なく確認はできていない ・意識がはっきりしているときは自発的会話があるが、途中で途切れることもある。家族同士がしている会話は理解できていないが、日常動作は促すとわかる ・発語は声が小さく聞き取りにくい。聞き手が確認するとうなずいたり首を横に振ったりして答える ・息子は帰宅が遅く、本人とのコミュニケーションはほとんどない	・本人「家にいたいがさみしい思いはしたくない」 ・妻「病気のことを理解して、よい介助の方法を知りたい」「在宅で介護をしていきたいが自分の時間も楽しみたい」

025

Part.1 アセスメントシートの書き方・ヒアリング例

Case 3　脳卒中後片麻痺

- 取り戻したい生活の壁となるのはどの疾患のどのような部分か整理しよう
- 肥満や生活習慣病は、身体的自立や介護の妨げになる要因。介護においても改善を視野に入れておきたい

ヒアリング例

	聞き方	聞く際のポイント
健康状態	・お薬の服用は奥様がお手伝いなさるのですか ・お薬を飲むのに困ることはありませんか	薬がきちんと飲めているか確認する
	・夜はよく眠れますか ・家で血圧は測りますか ・奥様が測っていらっしゃるんですか	薬の副作用で眠気が出ることもある。日中の活動レベルを評価する上で睡眠状況を聞く 血圧測定の習慣や、測定の状況、正しく測れているかなどをチェック
	・便は普通の硬さですか ・便がゆるいことはないですか ・腹痛が起きることはありませんか	人工肛門の場合は、普段の人工肛門の排便の状態を聞き、異常が起きるときはどんな状況か確認する。異常が起きる際に何らかのパターンがあれば体調の管理に役立つ
	・体の痛みはありませんか ・動かして痛みが出るところはありませんか	退院後間もなくの場合は、麻痺側に疼痛のあることや、健側も負担により痛みが生じることがある
ADL・IADL	・ベッドから車椅子にはどのように移りますか ・移るときに困ることはありませんか	車椅子の位置をどのように置いているか、移乗の際に上肢、下肢はどのように使うか、ふらつきはないかなどを確認する
	・車椅子はご自分で動かせますか ・足はどのように使いますか	本人が残存機能をどのように使っているか、どのような介助が必要かを確認する
	・トイレにはどのように行きますか	一緒に移動し、車椅子の動線上に自走の障害となるものはないか、移動時の自立と援助の必要箇所を確認する

Point! 本項目の事例の場合は、本人に肥満があるため、身体介護の負担が大きいと考えられます。負担の少ない介護法を考えるためにもよく観察する必要があります。

脳卒中後片麻痺 Case3

事前情報

介護保険課より提供

- 75歳男性
- 妻（70歳）と二人暮らし
- 車椅子使用
- 脳出血後右半身麻痺、右上肢拘縮あり
- 軽度の失語症あり
- 数年前直腸がんにて人工肛門造設
- アルコール依存傾向あり
- 在宅療養支援診療所が往診

ADL・IADL	・服はどのように着ますか ・服の脱ぎ着で何か困ることはありますか	残存機能を確認し、自立したい気持ちがあるか、あればどのような部分かを探る 維持期であっても、機能向上の可能性を探ることが大切
	・食事は何を使って食べていますか ・食事をするとき困ることはありますか	健側の右手がどの程度使えるか確認する。介護用具や補助具の活用につなげられることを聞く
認知・コミュニケーション等	・外に出かけることはありますか ・どんなところに出かけますか	外出ができているか、家にこもりきりか、行動範囲を把握する。日頃の運動量から、体重増加の防止、健康状態維持のプランを検討する
	・息子さん、娘さんは月にどのくらい訪ねて来ますか ・どんな話をされますか ・お孫さんもご自宅にいらっしゃいますか	こちらの問いかけにどの程度反応するか、家族の問いかけにはどうか。何に興味や関心があるかなどを探る 実際に言葉を交わすことが難しくても、言葉以外のコミュニケーションを確認しよう
社会とのかかわり	**家族に** ・どのようにして物事を伝えあっていますか ・いいたいことを伝えあうのに困ることはありますか	軽い失語症がある場合、自発的な発語の有無、どんな単語なら理解できるか、発語の明瞭さ、意思疎通の方法などを、家族に尋ねたり観察したりして把握する

Point! 家族の問いかけにどの程度反応するか、どんな話題に興味を持っているかなどを確認します。表情やしぐさなど、**非言語的コミュニケーション**にも着目しましょう。

	・好きなことは何ですか	長く続けてきた趣味ができなくなったりしたことが、喪失感につながっている場合、身体機能の向上のための目的になることがある
	・ご近所の方とは親しいのですか ・地域で何か活動されていましたか	社会的役割が生きがいにつながっていることもあるので、地域とのかかわりにおいて、範囲で取り戻せる可能性のあるビジョンを探る

Part.1 アセスメントシートの書き方・ヒアリング例

| 排泄・皮膚の状態・食事摂取・口腔衛生の状態など | ・食事は何時頃食べますか
・好きなものは何ですか
・間食はしますか
家族に
・料理はどのようなものが多いですか
・味付けは薄めですか、濃いめですか
・お酒はお好きですか
・どのような種類のお酒が好きですか
・1回にどのくらいの量を飲みますか | 体重コントロールができていない場合、本人がその話題に触れられたくないこともあるので、明るい話題、答えやすい質問から食習慣を確認する

普段の献立からおおよその摂取カロリーを把握。体重コントロールの目標に結びつける。また、家族が肥満についてどの程度理解しているか、協力が得られそうか確認する

飲酒習慣を確認。**生活習慣病**がある場合は、生活習慣の改善が必要だが、すべて禁止の方向ではなく、できることから習慣を変えていくようにプランを考える |

Point! 飲酒が人生の楽しみになっていることもあるので、否定したり咎めるような言葉は避け、場合によっては楽しみとして残し、生活の張りとしてプランに生かすことも考えます。

| 介護力・住環境など | **家族に**
・便の処理はどのようにしていますか
・皮膚のかぶれはありませんか
本人にも
・人工肛門で困っていることはありませんか | 人工肛門周囲の皮膚のかぶれや漏れがないか、できれば実際に見て確認する。トラブル時の対処法も聞いておく。本人の言葉の奥に、自尊心やあきらめなど、排泄と人工肛門に対する心理が潜んでいることもあるので、ネガティブな言葉をそのまま受け取らない

人工肛門に対してネガティブな感情を持っている人は多いので、その点も踏まえて話を聞こう |
| | **家族に**
・今困っていることがあれば何でも教えてください
・食事や入浴介助のサービスについて、ご希望があれば何でもおっしゃってください | 退院後間もない場合は、誰もが在宅介護に不安を持つものなので、受容と共感を心がけ、特に不安な部分を絞り込んで対応するプランを検討する |

用語解説

非言語的コミュニケーション
身振り、表情、視線、声のトーンや声質など、言語以外の手段を用いたコミュニケーション。姿勢や相手との物理的距離の取り方なども含まれる。

生活習慣病
生活習慣に起因する疾病。日本人の3大死因である、がん、脳血管障害、心臓病のほかに、糖尿病、脂質異常症、高血圧、高尿酸血症などがある。生活習慣病のリスクを高めるのが肥満。肥満を生活習慣病に含める場合もある。肥満に関連して起こる症候群としてメタボリックシンドロームがある。

ご利用者が望む生活

家族に
- 奥様の体調はいかがですか
- 奥様自身は病院にかかっておられますか
- リハビリで、ご自分の足で立てる時間が増えたらいいですね
- 体を動かすのは体調の改善にも役立ちますから、少し頑張って動くようにしましょうか
- デイサービスで外出ができるようにしましょう

介護者の体調、受診頻度など聞き、負担の程度やニーズを把握する。夜にしっかり眠れているかも確認しておこう

よりよい生活を実現していくために力になることを伝え、孤独ではないと感じてもらえるような会話を心がける。また、本人や家族が訴え足りなかったことはないか確認する

ヒアリング結果をもとに作成したアセスメントシートの例

健康状態	社会とのかかわり
・退院後は、月2回訪問診療あり ・食事内容を改善するように（主治医より） ・左腹部に人工肛門造設	・以前は地域の老人会、将棋の会の会長を務めていた ・将棋は好きで将棋番組を見たがる
ADL	**排泄、皮膚の状態、食事摂取、口腔衛生の状態など**
・車椅子は左側上下肢を使い自走。左下肢に痛みがあるときは乗らない ・立位、移乗は介助 ・寝返り、起居動作はベッド柵につかまり、家族が介助 ・トイレ介助。清拭は妻が毎日行っている。着替え、整容介助	・人工肛門よりの排便は、飲酒が多い翌日は水様便。漏れ時折あり ・便の処理は1日2～3回、装具の交換は適宜妻が行う ・人工肛門周囲の皮膚に軽度発赤あり、痛みなし ・排尿はトイレで座位にて行う。間に合わないときがあるので紙オムツ装着、ベッドサイドに尿瓶 ・食事は妻が調理。油を使う献立が多い。野菜は嫌いで食べない ・飲酒量は毎日3合ほど
IADL	**介護力・住環境など**
・家事、服薬管理、金銭管理は妻が行っている	・妻は高齢で疲れを訴えている。腰痛、膝関節痛があり介助に不安あり。週2～3回近くの接骨院に通いたいと希望 ・マンションはバリアフリーだが、リビングからトイレに向かう廊下に、手前に引くドアがあり通過に時間がかかる ・浴室、トイレに手すりはない ・エレベーターあり。マンション玄関もバリアフリーで問題ない ・息子は来年転勤の予定
認知・コミュニケーション等	**ご利用者が望む生活**
・自発的言葉はほとんどない ・意思疎通は身振りを交え可能だが、長い話は聞こうとしない	・本人「病院はきゅうくつだった。家で自由に暮らしたい」 ・妻「家で介護したいけれど体力に自信がない」「もう少しお酒をひかえてほしい」

Part.1 アセスメントシートの書き方・ヒアリング例

Case 4 糖尿病

- ADLを低下させる壁は何か、要因が複数ある場合はそれぞれからアプローチする
- 食事療法は、高齢者においては、長年の食習慣を変えにくい、食事制限してまで長生きしたくないという心理などから、難しいこともある

ヒアリング例

	聞き方の例	聞く際のポイント
健康状態	・お薬はいつどのように飲んでいますか ・インスリンはどなたが管理して注射されていますか	自己注射の状況、時間、内服薬の管理者、薬の飲み忘れはないか確認する。インスリンや糖尿病の薬は低血糖症状との関係が深いので、食事摂取とも結びつけて聞く
	・どこか痛いところはありますか ・体がしびれる部分はありますか	**糖尿病の合併症**の神経障害があると、ケガをしても気づかないことがあるので手足など皮膚の状態を観察する
	・胸が苦しくなったり、チリチリ感じたり、息が苦しくなることはないですか	糖尿病の場合、狭心症など発作が起きても痛みを感じないことがあるので症状の表現を確認する 〔糖尿病の三大合併症をいつも意識しておく〕

Point! 糖尿病は血液循環障害を起こす場合もあるため、足の指などの状態も観察しましょう。「体調はどうですか」と漠然と聞くと漠然とした答えになるので、痛いところ、しびれるところ、気になるところはないか、といった具合に具体的に聞くと、本人も具体的に答えやすくなります。透析に通っている場合は、通院の手段、曜日、回数、所要時間のほかにシャント部位も確認する

	聞き方の例	聞く際のポイント
ADL・IADL	・気分が悪くなることはないですか ・ふらつきやめまいが起きることはないですか ・冷や汗が出ることはありませんか	低血糖症状の有無を聞く。あれば頻度を確認する 〔低血糖は認知症の危険因子になる〕
	・杖を使って歩くときに困る場所はありますか	普段の動線を一緒に歩き、ふらつきやつまずきがないか、また、視力低下がある場合は、移動にどのような障害が生じているかを確認する
	・夜は1人でトイレに行けますか ・暗くなると困ることはありますか	夜間の照明で移動に支障はないかを把握する

糖尿病

事前情報
介護保険課より提供

- 76歳女性
- 息子（50歳）、息子の嫁（48歳）、孫娘（23歳・会社員）と同居
- インスリン自己注射（介助）
- 視力低下がある
- 杖歩行
- 下肢のしびれ感、痛みあり
- 食欲低下気味
- 部屋に引きこもりがち

ADL・IADL	・お風呂場はどこですか ・体はどのように洗いますか ・洗いにくいと感じているところはありますか	風呂場までの移動の方法、浴槽への入り方、石けんなどの位置の確認。できていることを中心に聞きながら、できないことも把握する
	・着替えはご自分でなさっているんですね ・服を着るときに困ることはありますか	服のボタンかけなど、視力低下や感覚鈍麻によって、ADLの制限はないか確認する
認知・コミュニケーション等	・週に何回外出しますか ・どんなところに出かけますか ・出かけるときは目的地まで何で行きますか	外出に対する意欲、動機となっているものを探り出し、壁になっているのは運動器の問題か視力かを把握する
	・3度の食事はどなたとされますか ・どのような話をされますか	視力低下がある話題の共有が難しくなることがあり、家族への気遣いや遠慮で会話を控えたり、家族が会話を避ける場合もあることを考慮する

用語解説

糖尿病の合併症
糖尿病の3大合併症は、腎臓の機能が低下して体の老廃物が排除できなくなる「糖尿病性腎症」、目の網膜が障害されて視力が低下し、ときには失明してしまう「糖尿病性網膜症」、末梢神経が障害され手足の感覚が鈍ったり、痛みやしびれが起こる「糖尿病性神経障害」。この他にも、脳梗塞や心筋梗塞など命にかかわる病気、高血圧や脂質異常症など動脈硬化性疾患の原因になる病気、歯周病、そして認知症や睡眠時無呼吸症候群も糖尿病の合併症であることがわかってきている。

Part.1 アセスメントシートの書き方・ヒアリング例

項目	質問例	ねらい・ポイント
社会とのかかわり	・病院の先生や看護師さんとどんな話をしますか ・ご自身の病気についてどのように説明をお聞きですか	家族以外の人とのコミュニケーションが取れているか把握。疾患についての理解度も確認する
	・趣味は何ですか ・昔は何か趣味がありましたか	今趣味を持っていなくても過去の趣味を聞き、得意なこと、自慢できることを聞き出すことで、よろこびや楽しみにつながるヒントが浮かび上がる。特に熱心に語ることはカギとなる
	・親しいお友だちはいますか ・近所で仲がよい人を教えていただけますか ・その方と一緒に出かけたりしますか ・ケガをしているところはありませんか	身近な社会とのかかわりを聞いていくと、本人の望みを阻んでいる壁が見えてくる
排泄・皮膚の状態・食事摂取・口腔衛生の状態など	・食事はおいしく食べられていますか ・好きなものは何ですか ・間食はしますか	食事制限があると、食事にストレスを感じていることが多い。食事が十分に摂れていないと低血糖の恐れがあるため、食事は病状の安定に重要な項目である

 Point! 「3食摂れていますか」「摂取量はどれくらいですか」などの話題から入り、食事に対する気持ち、困っていることを話しやすい状況にもっていきましょう。

	家族に ・食事はどなたが作っていますか ・どのようなものを作っていますか ・食事について相談したいことはありますか ・食事を作るときに困ることはありますか	食事制限がある高齢者の食事管理に、家族の協力は欠かせない。負担はないか、あればどの程度か、家族の訴えにも耳を傾ける
	・足で気になるところはありませんか ・かゆいところはありませんか ・足が冷えたりしませんか	糖尿病のために神経障害があると、ケガをしても気づかなかったり、靴擦れの痛みを感じなかったりする。足の指の血流障害も起こりやすいので皮膚の状態に注意深く観察する

> 食事に対する家族の意識や意欲はさまざま。各家庭に合ったプランの提供に役立てよう

> 糖尿病では小さな傷から壊死が広がることもあるので、注意が必要

 Point! 透析をしている人の場合は、抗血液凝固剤のために血が止まりにくくなることもあります。視力低下により、本人がそうした状況に気づきにくいことを考慮する必要があります。

| 介護力・住環境など | **家族に**
・お仕事に出かけられるのは何時頃ですか。帰宅時間はだいたい何時頃でしょう | 家族の生活リズムと本人とのかかわりの時間、交流の程度を確認する。勤務日と休日の両方確認する |
| | **家族に**
・病状について、医師からどのように説明をうけていますか | 医療チームとの意思の統一を確認。どのように受け止めていてどのような不安があるかを聞く |

> 医療者には聞きにくいことなども介護職にはいいやすいということもある

糖尿病

| ご利用者が望む生活 | **家族に**
・食事は調理サービスや、給食などの支援をご紹介することもできますが、何かご要望はありますか
・○○に出かけられるよう、筋力をつけていきましょう
・今の季節は風が気持ちいいですから外出したいですね | 食事に関する家族の負担を軽減する支援を具体的に提案し、家族の意向を聞く

繰り返し出てくる話題、熱心に話す話題には、本当の意向が隠されていることがあるので誠意を持って聞く |

ヒアリング結果をもとに作成したアセスメントシートの例

健康状態	社会とのかかわり
・眼科、内科受診は2週間に1回 ・インスリン注射1日1回 ・両足痛み、しびれ、視力低下あり	・視力低下、足の痛みが出てからは透析、通院以外は外出しない ・昔は三味線の先生、お弟子さんが数人いるが現在は交流なし ・テレビはつけるが見えないので聞いているのみ。時代劇が好き

ADL	排泄、皮膚の状態、食事摂取、口腔衛生の状態など
・ゆっくりだが杖歩行で自立。痛み、視力低下のため不安あり ・服は自分で選べないが、ボタンかけは手を導くと可能 ・食事は箸を使用するが、食器を口につけて掻き込む	・糖尿病食摂取。食欲低下気味 ・トイレは動作に慣れていて自立だがゆっくり。便で周囲を汚すことがあるが、本人は気づかない。拭き残しがある場合もある。排便は2日に1回、量は少ないが普通便 ・失禁はないが時々少量の尿漏れがあるため紙オムツ使用 ・右かかとに靴擦れあり。痛みは感じていない。下肢の皮膚が乾燥して粉状に皮膚剥離

IADL	介護力・住環境など
・家事はすべて息子の嫁が行っているが、洗濯後の自分の下着は畳んでいる ・金銭管理、電話利用はできない	・家の中に家具、ものが多く歩行には障害となる ・玄関から家の前の道路まで階段のため、介助が必要 ・風呂場、自室の和室入口に段差あり ・主たる介護者は息子の嫁。専業主婦だが午後は出かけることが多い ・トイレには手すりあり

認知・コミュニケーション等	ご利用者が望む生活
・話をすることが好きで、話はじめると止まらない ・孫娘はよく話を聞いてくれるので家族の中では会話は一番多い ・足元の段差や障害物は見えない ・座るときは椅子やテーブルを手で触り確認している ・聴力の低下があるがはっきり発語すれば問題ない	・本人「食事をおいしく食べたい」「目が見えなくなっても安心して暮らしたい」 ・家族「食事の負担を減らして、介護が長くできるようにしたい」

Part.1 アセスメントシートの書き方・ヒアリング例

Case 5 変形性膝関節症

- 痛みや関節の変形によって、どのように行動や生活が障害されているかを中心に確認する
- 本人があきらめていることでも、ケアにより可能になることもある

ヒアリング例

	聞き方	聞く際のポイント
健康状態	・膝の痛みはいかがですか ・ほかに痛みやしびれはありますか ・どんなときに痛みが出ますか ・歩いているうちにふくらはぎが痛くなったりしませんか	疾患からくる痛みの出現、程度を尋ねる。歩行障害の原因が脊柱管狭窄症の場合は、**間欠跛行**が特徴的な症状。本人が強調して話すこと、感情を表現する言葉が発せられたところに注意を向け、話を聞く
	・いまどんなお薬をもらっていますか ・見せていただいてもいいですか	処方薬を確認し、服薬状況を聞く。飲み忘れがあるようであれば、忘れやすい状況を尋ねる
	・膝のお薬は自分で取りに行かれるのですか ・飲み薬や貼り薬のほかにどんな治療をしていますか ・月に何回くらい病院に通っていますか	変形性膝関節症や腰部脊柱管狭窄症のため歩行が困難で、独居の場合、通院の手段や頻度などの情報をきちんと収集しておく
	・医師からどのような説明を聞いていますか ・家で行う体操などは聞いていますか ・体操はどのくらい行っていますか	本人の疾患に対する受け止め方を確認する。実際の行動とのギャップがあれば、その理由、困っていることを聞き、望む生活の壁になっていることを推測する （リハビリに対する意欲も確認しよう）
ADL・IADL	・夜は何時頃寝ますか ・寝つきはよいですか ・夜中に目が覚めることがありますか ・朝は何時に起きますか ・お昼寝はしますか	独居の場合、客観的情報が得られにくいので、睡眠状況と合わせて日中の眠気も尋ねると、実像に近づける （できている・している行為をしっかり確認しよう）
	・椅子からはどのように立ち上がりますか ・痛みはどうですか	立位動作の確認。椅子の高さなど、立ち座りに支障がないか観察する
	・トイレ、お風呂場に行くときに、困ることはありませんか	一緒に歩いてふらつきや痛みの程度を確認する。室内や家のまわりが乱雑であることは、歩行の支障となるので、片付ける動機になるのは何かということも考えながら、本人の暮らしぶりを観察する
	・トイレを使うときに困ることはありませんか	動作と痛みの関係を確認。便座の高さもチェックする

034

変形性膝関節症 Case 5

 事前情報

地域包括支援センターより提供

- 78歳女性
- 独居
- 杖歩行、外出時はカート（手押し車）使用
- 変形性両膝関節症
- 腰部脊柱管狭窄症

- 左記疾患にて**非ステロイド性鎮痛剤（NSAIDs）**、消炎剤、血流循環改善薬内服中
- 腰痛、膝痛で外出が減り、家に**閉じこもり**がち
- 室内だけでなく庭にもゴミをため込むようになり、近所から苦情が出始めている

区分	質問例	ポイント
ADL・IADL	・お風呂は週に何回入りますか ・お風呂はお好きですか ・お風呂に入るときに困ることはありますか	入浴が自立しているかなど、身体的な面だけでなく、自身の体の清潔に対する意識はどうか、強いこだわりはないかなど、心理面にも気を配りながら聞き取る。体の清潔や整容の関心から、社会参加の意欲を推測することもできる
認知・コミュニケーション等	・お出かけはどんなときにしますか ・外出で困ることはありますか ・どんな道を通りますか ・どのくらい歩くと痛みが強くなりますか ・どのくらい休むと楽になりますか	歩行距離と痛みの関係を聞く。痛みの不安を抱えながら出かける不安を受容、共感し、安心して会話できる雰囲気づくりに努める。外出で困ることなど、話しやすい話題から始め、閉じこもりがちになる要因を推測する
	・病院で親しい人がいますか ・ご近所とはどのようなお付き合いをされていますか	周囲が問題行動としていることでも、本人には大きな意味があることもある。人づきあいに関する話題はデリケートな部分もあるので、相手の反応を見ながら慎重に話を進める
社会とのかかわり	・新聞は読まれますか ・文字を読むとき困ることはありますか	視力はコミュニケーションでも重要なので、眼鏡の不具合がないかを確認することも必要。会話をしながら聴力についても観察する

 Point! 人間関係については、介護を通してコミュニケーションを深めていく中で確認していくほうがよい場合もあります。その点を踏まえ、嫌がっていると感じたら、無理に聞かないようにしましょう。

用語解説

非ステロイド性鎮痛剤（NSAIDs）
ステロイドホルモン以外の薬物で、抗炎症作用を持つ薬剤。解熱・鎮痛作用も持ち、鎮痛剤として広く用いられている。長期の連用で消化性潰瘍や腎障害を誘発することがある。また、経口糖尿病薬や抗血液凝固薬との併用には注意が必要。

閉じこもり
閉じこもりの3大要因は、①身体的要因（加齢による体力低下、疾病、障害など）、②心理的要因（活動意欲の低下、性格など）、③社会的、環境的要因（人的環境、物理的環境、家屋、気候など）。閉じこもりから不活発な生活へ、そして寝たきりに移行する可能性が高い。

035

Part.1 アセスメントシートの書き方・ヒアリング例

社会とのかかわり	・膝や脚が痛くなる前は、どんなところに出かけられていましたか ・行ってみたいところはありますか	過去と現在の行動範囲や生活を聞きながら、関心の対象を探っていく。取り戻したい生活があるようなら、それを阻んでいる要因を探し、長期目標において取り除くようプランを検討する
	・買い物はどこでなさっていますか ・買い物は週に何回行きますか	行きつけの店があるか、そこで馴染みの人がいるか、買い物は楽しみであるかなど、買い物という目的に付随する気持ちも把握すると、プランに生かせる
排泄・皮膚の状態・食事摂取・口腔衛生の状態など	・お通じは毎日ありますか ・量はどのくらいでしょうか ・バナナくらいの大きさですか	排便が乱れていないかどうかは、健康状態をアセスメントする上でも重要。食事や水分の摂取量との関連も考慮する。また、薬の副作用として便秘が起こる場合もあることも知っておきたい
	・お食事の時間を教えていただけますか ・好きなものは何ですか	独居で不活発な生活が続くと**低栄養**になる可能性がある。望む生活の実現には、栄養面の充足が欠かせない
	・水分はどのくらい摂りますか ・どの飲み物をよく飲みますか	必要量の水分は摂取できているか、脱水からくる体調不良の可能性はないかを確認する
介護力・住環境など	・ご家族やご親戚とお話されたり、会われたりすることはありますか ・お近くにいらっしゃる方はいますか ・ほかに親しくされている方はいますか	家族や親族だけでなく、交流のある人を把握しておく。社会資源として把握しておくとともに、人間関係から本人の趣味などを把握することもできる 利用者の行動範囲を広げられる可能性を探ろう
	・いつもどのお部屋で過ごされていますか ・家の中で困っていることはありませんか ・階段の上り下りはつらくないですか	疾患による行動範囲の制限がないか、あれば住環境をどのように改善するとよいか考えながら聞き取る
ご利用者が望む生活	・膝の痛みがあるとゴミを出すのも大変ですよね。お手伝いするので、少しずつ片付けていきましょう ・大事なものがあれば教えてください ・荷物が片付くと、家の中を歩くのも楽になると思いますよ	歩行障害がある高齢者にとって、ゴミを出すという行為は重労働。ゴミをため込んでいる理由をさまざまな角度から想像し、その人の本当の気持ちに近づいていくようにする。本人にとっては価値のあるものかもしれないので、ゴミと決めつけずに話を進めていく

用語解説

間欠跛行
歩いているうちに、主にふくらはぎにしびれや痛みが出現し、歩けなくなるが、少し休むとまた歩けるようになることを繰り返す症状。腰部脊柱管狭窄症や閉塞性動脈硬化症の症状として特徴的。

低栄養
その人に必要な量のたんぱく質とエネルギーが摂れていない状態。原因としては、食事量の減少、生活環境要因（独居、老夫婦）、精神的要因、加齢による変化（食欲低下、咀嚼力・嚥下力低下、唾液分泌減少、消化機能低下、腸の蠕動運動低下、味覚低下、認知力低下など）が挙げられる。低栄養は生活活動の低下を招き、痩せ、筋力低下、感染、褥瘡などから寝たきりになる可能性もある。

変形性膜関節症

| ご利用者が望む生活 | ・膝に負担のかからない生活をして、膝を大事にしましょう
・出かける機会を増やしてみるのはいかがでしょう
・○○サービスや□□サービスを利用することができると思いますが、○○さんの希望をお聞かせください | 閉じこもりがちになる理由は、些細なことであったり、本人が意識せずそうなってしまっていることもある。強要することなく、じっくり話を聞きながら本人の意向を確認していく

具体的なサービス内容を説明し、本人がもっとも望んでいるサービス、客観的に必要なサービスをバランスよく提供できるよう、話し合いを進める | 言葉だけでなく、笑顔など表情にも気を配ろう |

Point! 疾患のためにできなくなったこと、本人が工夫していること、あきらめていることなどが、目標になり、張りのある生活を取り戻すカギになることもあります。

ヒアリング結果をもとに作成したアセスメントシートの例

健康状態	社会とのかかわり
・変形性両膝関節症のため、動作時に膝痛あり。30度程度曲げると疼痛出現 ・腰部脊柱管狭窄症で下肢にしびれあり。コルセット装着背屈は禁止されている。50mほど歩くとふくらはぎに痛みが出現するため、休み休み歩く（カート使用） ・室内は杖歩行 ・意欲の低下がみられる ・昼食を摂らないときは鎮痛剤の服用もしない	・通院週3回、電気治療などで2時間病院に滞在。仲の良い友達がいたが、1カ月前に施設入所。今は話し相手がいない ・以前はカラオケ教室に週2回行っていたが今は行っていない ・寝室のベッドで寝て過ごすことが多い。テレビは日中つけっぱなし
ADL	排泄、皮膚の状態、食事摂取、口腔衛生の状態など
・立ち上がり、移動時は杖を使用。動作時に痛みがあるためゆっくり行う ・外出時はカート使用。坂道は避けている ・トイレは自立 ・入浴は週2回、立位でシャワーのみ	・シャワーのみ週2回、立位は腰痛が強くなるためさっと浴びる程度。陰部は洗っている。頭皮にかゆみあり ・食事はインスタント麺が多い。野菜はゆでて少量摂取。昼食は摂らないことが多い。水分摂取1日500ml程度 ・排尿は1日4回。尿量少ない。排便2、3日に1回。固め ・通院しない日は、洗面、歯磨きをしないこともある
IADL	介護力・住環境など
・通院はカートを使用し、500m先の整形外科へ一人で行く ・以前はきれい好きで毎日掃除していたが、痛みと意欲低下で掃除はまったくしていない ・ゴミ出しはゴミ集積所が坂道という理由で数カ月していない ・着替え、整容は通院日（週3回）以外しない	・息子家族は海外勤務（自宅は○○市）。帰国は年末年始のみ。息子「すべてお任せます。そのほうが安心です」 ・車で30分ほどの場所に住む姉ががん闘病中。たまに電話で話す ・2階家の1階のみ使用。玄関の段差は低い ・家は高台のふもとにあり、ゴミ集積所は坂道の途中
認知・コミュニケーション等	ご利用者が望む生活
・通院日、ゴミ収集日はわかっている ・人見知りはあるが、うちとけると自分から声をかけて会話する ・小さい声だと聞き返すことがある	・本人「家で暮らしたい」「足の痛みが楽になれば、前のように身の回りのことができるんだけどね」「近所とは付き合いもないし…」 ・家族「本人が希望すれば施設も利用したい」

037

Part.1 アセスメントシートの書き方・ヒアリング例

Case 6 末期がん

- 状態の変化がはやいので、医療との連携を図る
- 本人と家族が、最期まで安心して在宅で過ごせることが大切

ヒアリング例

	聞き方	聞く際のポイント
健康状態	・往診の先生からはどのような処置を受けますか ・訪問看護ではどのような処置を行いますか	病状の管理や処置内容を把握する　**医療機関からの情報と照らし合わせる**
	・咳や痰が出て、息苦しいと聞いていますが、どのようなときに特に苦しくなりますか ・いちばん楽な姿勢を教えてください	本人がもっとも苦痛に感じていることは何かを聞く。それを少しでも軽減することがケアの課題。症状が安定するときと憎悪するときがあれば、その要因を探ってよいケアに結びつける
	・痛みのあるところはどこですか ・体のだるさはありますか	疼痛の有無や体調を確認し、苦痛を軽減する工夫を家族や本人が行っているようなら、その方法を聞く。医療用麻薬・フェンタニルパッチの貼付場所も確認する
	・睡眠はとれていますか ・夜に目が覚めることがありますか	睡眠障害は生活の質（QOL）を著しく低下させるので、睡眠に問題があり、本人や家族がそれを苦痛に感じていれば、その軽減につながるケアを考える

Point! 末期がんの場合、状態が落ち着いているようにみえても、急に意識レベルが低下するなど変化がはやいので、必要なサービスを迅速に提供する必要があります。機能向上に向けたケアは、本人の生きる意欲につながるのであれば、可能な範囲で取り入れましょう。苦痛の緩和が重要ですが、身体的苦痛だけでなく、死に対する不安や家族と別れる悲しみなど心理的苦痛にも目を向けましょう。

	聞き方	聞く際のポイント
ADL・IADL	・寝返りはできますか ・どのくらい体を起こせますか ・どのくらいの時間座っていられますか	臥床が続くと**痰の排出**がうまくいかず、誤嚥性肺炎を起こしやすいため、自力での体位変換などがどこまで可能か把握する　**少しでも離床につながることを聞こう**
	・洗面や歯磨きはどうしていますか ・食事はどこで、どんなふうになさっていますか ・お手洗いで困っていることはありますか	現在本人のできていることを確認するが、衰弱は進んでいくので、本人がこれだけは自分でしたいというものを探し、その意志を優先に考える

末期がん

事前情報

介護保険課より提供

- 81歳女性
- 娘（53歳）、娘婿（55歳）と同居
- 子宮がんにて手術後、肺、肝臓、骨に転移。積極的な治療は行わない
- 転移性肺がんの症状として、咳嗽、喀痰排出困難、呼吸苦あり。痰は適宜口腔吸引
- 経口摂取が困難になりつつある。IVH施行中
- **膀胱留置カテーテル**留置中
- 骨転移による疼痛に対し、**フェンタニルパッチ**使用中
- ほとんど臥床して過ごしている

認知・コミュニケーション等	・長くお話をされると疲れますか ・息苦しいとお話するのも大変だと思いますが、ご希望があればゆっくりでいいので教えてください ・日頃の会話で困っていることはありますか	呼吸苦があると、特に長い会話は負担になるが、意思の疎通が不十分だと精神的な苦痛が増す。短い会話で伝えあうことが大切だが、家族とのやりとり、そのときの表情から、コミュニケーションに問題がないか推測する
	Point! ヒアリング中に、顔色が悪くなったり、呼吸が苦しそう（呼吸が浅くなる、回数が増えるなど）な状況が見られたら、いったん会話をやめて落ち着くまで待ちましょう。	
	・うとうとしたりぼんやりすることはありませんか ・めまいなどはありませんか	フェンタニルパッチには、眠気やめまいなどの副作用がある。疼痛緩和のため、基本的に使用し続けるものだが、その症状が副作用によるものかどうかはだいたい把握しておきたい
社会とのかかわり	・テレビを見たりラジオを聴いたりしますか ・どんな番組がお好きですか	社会への関心の程度を聞き、少しでも興味があるものを糸口に、生活の意欲につなげる
	・電話でお話されたりすることもあるんですか	外部とのつながりがあり、それが本人にとって重要なものであれば、理解しておく。年齢が若い人の場合、電話で話せなくても、メールで友人などとやり取りしていることも多く、それが生きる意欲につながっていることもある

用語解説

膀胱留置カテーテル
バルーンカテーテルともいう。膀胱内にたまった尿を体外に出す。留置期間が長くなると、女性の場合は特に尿路感染を起こしやすい。感染防止には清潔の保持が必要であり、陰部洗浄が有効。特に排便で汚染されたあとは十分に洗う。カテーテルを扱う際は、清潔に十分留意する。尿がたまる蓄尿バッグは、膀胱より常に低い位置に保ち、尿を逆流させないようにする。カテーテルを固定しているテープによる皮膚のかぶれなどにも注意。

中心静脈栄養法（IVH）
大静脈にカテーテルを挿入し、高カロリー輸液で栄養や水分などを補給する。

Part.1 アセスメントシートの書き方・ヒアリング例

排泄・皮膚の状態・食事摂取・口腔衛生の状態など	・トイレで困っていることはありませんか	尿路感染を防ぐためにも、清潔が保たれているかを中心にチェック。排泄のケアを受けている場合、介護者への遠慮などから不快感があっても、遠慮して我慢していることもある。家族の前では話しづらいので、実際のケアをしながら問題点を解決していく方向で考える
	・背中や腰で痛いところはないですか	褥瘡がないか、できかけていないか皮膚の状態を確認する
	・水分は1日どれくらい飲めますか ・どのようなものなら食べられますか ・ゼリーやプリンはお好きですか	**中心静脈栄養法（IVH）** が入っていても、少しでも食べられるなら、食べる楽しみは大切にする。好きなもの、食べられるものを把握しておく
介護力・住環境など	**家族に** ・夜間の痰の吸引、体位変換の頻度はどのくらいですか ・睡眠はとれていますか ・処置で困っていることはありませんか	家族の負担の程度を聞き、疲れはないか、あればどの程度か、介護についての思いや訴えを十分に聞く。その上で夜間の訪問の援助など具体的に提案し、家族や本人の意向を明らかにする
	家族に ・自宅で過ごされる上で、心配なことがあれば何でも聞かせてください	**自宅で看取る**ことの受容度の確認、不安、恐れていることなどを聞き、それらをやわらげるサービスを考える

> ヒアリングした内容で、医療機関と共有すべき情報があれば早めに提供しておこう

用 語 解 説

骨転移
骨に転移するがんはいろいろあるが、特に肺がん、肝臓がん、乳がん、前立腺がん、胃がんなどは骨転移しやすい。骨転移が起こる場所は骨盤や脊椎（背骨の骨）が多い。骨転移の痛みは強く、患者さんの大きな苦痛となる。

フェンタニルパッチ
オピオイド系鎮痛薬の貼付剤。医療用麻薬のオピオイドが皮膚から吸収されて作用する。副作用は、眠気やめまい、嘔気嘔吐、便秘など。

痰の排出
痰の排出が困難な場合、排出しやすくするために、体位変換、体位ドレナージ、バイブレーションなどの方法を活用する。吸引は医療者の指導を受けて家族も行える。

自宅で看取る
在宅での看取りでハードルとなるのは、急変時の対応に対する不安。主治医と看護師、介護スタッフとの連携がしっかりしていることは、家族の不安を和らげる要因となる。

末期がん

ご利用者が望む生活

- ○○さんが、ケアプランにもっとも望むことを教えてください
- こんなことをしたいというものはありますか
- 私たちが手助けしてできそうなことがあれば教えてください
- ご希望があれば遠慮なくおっしゃってください
- 心地よく過ごせるように、ご家族とも相談してプランを立てますね
- 主治医の先生や、看護師さんとも協力して、できるだけ心配のないようにしていきましょう

がん末期ということで、生きる意欲が失われていることもあるが、日々の生活を快適にすることで気持ちが上向きになることもある

> 医療機関と協力して実現できることもあるので、日頃から協力体制を作っておくことが大切

ヒアリング結果をもとに作成したアセスメントシートの例

健康状態	社会とのかかわり
・子宮がん手術後、肺、肝、骨に転移 ・咳、喀痰多い。呼吸苦あり。夜間は酸素吸入 ・仙骨部に骨転移による疼痛あり ・IVH、膀胱留置カテーテル留置中	・弟が2～3日おきに見舞いに来る。来ない日は携帯電話で短時間話す ・病院で仲良くなった患者さんに、娘に頼んでときどきメールをする。受信したメッセージは娘が読む
ADL	排泄、皮膚の状態、食事摂取、口腔衛生の状態など
・大半の時間を臥床にて過ごしている ・仙骨部痛のため座位は取らず、ベッドは30度ギャッジアップ ・寝返りはベッド柵を持ってゆっくり可能 ・着替え全介助。動作の後は呼吸苦あり	・蓄尿袋にたまった尿は、娘が朝捨てている。尿量は1日800ml程度 ・排便は2～3日に1回。固め。紙オムツ使用。排便のたび陰部洗浄を行う ・経口摂取はとろみをつけたお茶、野菜ジュース、果物ゼリーなど ・仙骨部、両かかとに発赤あり。両下肢浮腫あり ・朝晩の歯磨きは自身で行っている
IADL	介護力・住環境など
・ラジオの落語番組が好きで、自分でラジオを操作して聴いている	・居室は居間の隣で、ふすまを開ければ家族の目が届く ・日当たりがよいが、午後は直射日光が入り、室温が上がりやすい ・娘婿は帰りが遅く、休日出勤もあるため、介護にかかわるのは難しい
認知・コミュニケーション等	ご利用者が望む生活
・呼吸困難のため会話は長くできないが、頷いたり、手振りなどで合図する ・娘とのコミュニケーションは良好 ・夜になると涙ぐむことがある	・家族「できるだけ苦しくないようにしてあげたい」「介護のことを相談できる人がいると安心です」 ・本人「家で死ねるのはありがたい」「座っていられれば、ときどき外の様子も見たいし、○○（犬の名前）の顔も見たい」

Part.1 アセスメントシートの書き方・ヒアリング例

末期がんの看取りのケアプラン

末期がんは死亡に至るまでの経過が特徴的

　がんは進行性の病気です。末期がんとは、治癒を目的とした治療の効果が得られなくなり、「治癒が困難な状態」（おおむね6カ月で死亡すると予測される状態）と主治医が判断した場合をいいます。末期がんであっても、心身の苦痛をやわらげる緩和ケアなどにより、亡くなる1～2カ月前までは、比較的QOL（生活の質）が保たれた状態で過ごすことができます。その後、だんだんADLが低下し、亡くなる2～3週間前になると急に体調が悪化。自力でトイレに行けなくなる、睡眠のリズムが乱れる、急に痩せるなど大きな変化が見られ、やがて意識レベルが低下して最期を迎えるのが末期がんの特徴です。

　そのため、まだADLが保たれているからと思って油断していたら、急に動けなくなって必要なケアが間に合わなかったということもあり得ます。末期がんの人がたどる経過をよく理解した上で、訪問看護師や在宅医など医療職と情報を共有しながら、状態が変わったときにしっかり対応できるケアプランにしておくことが大切です。

ケアの基本が「清潔」「食事」「排泄」であることは同じ

　末期がんは介護保険による介護が始まってから死に至るまでの展開がはやいため、慣れないうちは戸惑うかもしれませんが、ケアの基本が「清潔」「食事」「排泄」にあることは、他の疾患と同じです。意識がなく、問いかけに反応がなくなっても、周囲の物音や人の会話は最後まで聞こえているとされているので、ケアには細心の注意が必要です。そのことがきちんと伝わるようなケアプランの書き方を心がけましょう。

　呼吸状態の変化など、死に向かう兆候が見られた際の対応や連絡方法を、家族や医療職と打ち合わせ、トラブルが起こらないようにすることも大切です。死は悲しいことですが、本人や家族のニーズが満たされることによって、家族の満足度は向上します。

死期が迫った末期がんの人のケアプランのポイント

清潔

清潔を保つことは、心地よく過ごしてもらうためにとても重要です。清拭だけでななく、足浴や手浴といった部分浴を取り入れるのはよいこと。また、可能な範囲で訪問入浴を入れると、特に「お風呂に入るのが好きだった」というような人は満足度が向上します。元気だった頃の清潔の習慣を十分に聞き取り、ケアプランに生かしましょう。
口腔内の清潔を保つために、口腔ケアも忘れないようにします。

食事

食欲の低下は比較的早くあらわれる症状です。末期がんの場合は、栄養状態を改善するというよりも、好きなものを食べたいときに食べられるようにするなど、食を楽しむ機会をできるだけ長く保てるようなケアが大切です。
口内炎の有無など口腔内の状態も確かめ、口の中の不快感や渇きを軽減するためのケアも取り入れましょう。

排泄

尿の量は、腎臓の機能が低下するために徐々に減ってきます。点滴を行っている場合は下肢を中心にむくみが強くなっていきますが、点滴を行っていない場合は、むくみがあってもやがて消失します。膀胱留置カテーテルを留置している場合が多いですが、オムツやリハビリパンツで対応することもあります。便の量も減りますが、下痢が続くこともあるので、便の性状や回数を把握し、適切なオムツ交換の頻度や陰部のケアに生かしましょう。排泄のケアは家族にとって負担が大きいので、なるべく負担を軽減できるように支援します。

ポイント

末期がんでは、急にADLが低下することもあります。住宅改修や福祉用具貸与が間に合わないということのないように、準備を整えておきましょう。

Part.1 アセスメントシートの書き方・ヒアリング例

末期がんの利用者・家族とのコミュニケーションとアセスメント

インテークで信頼関係を築き、医療職と綿密に連携

　アセスメントはケアプラン作成の根幹ともいえるものです。的を得たアセスメントをするには、インテークの段階でしっかり情報を集め、信頼関係を築く必要がありますが、末期がんの人の場合、個人差はあるものの残された時間は数カ月です。その後半は特に激しく状態が変化するため、インテーク時にどれだけ本人・家族とのコミュニケーションを深められるかがカギです。療養生活で何を大切にしたいのか、よりその人らしい言葉を引き出すことができれば、それをケアプランに落とし込むことができ、とおりいっぺんの表現になるのを避けることができます。

　特に年齢の若いがんの患者さんの場合は、自身の病気についてよく勉強しており、残された時間をどう過ごすか、明確なビジョンを持っていることも少なくありません。それを反映することにより、満足度の高いケアプランが作成できます。

今後の見通しをケアマネジャーもしっかり把握しておく

　末期がんの場合は、今後の見通しを医療職や家族と共有しておくことが重要です。そうすることによって、必要なケアをタイミングよく提供できます。訪問看護師や主治医から病状や今後の見通しについて情報を収集し、認識にズレが生じないようにすると、本人や家族ばかりでなく医療者からも信頼を得られるようになります。

　もう一つ大切なことは、がんの終末期や緩和ケアなどについて、医療的な知識をある程度身につけておくことです。本人や家族、医療者とのコミュニケーションがスムーズになり、得られる情報も多くなるので、個別的な「総合的な援助の方針」の立案、「生活全体の解決すべき課題（ニーズ）」の把握もしやすくなります。

がんの終末期は他の疾患とは異なる特徴がある

がんの終末期は体の機能が比較的よく保たれるものの、亡くなる1〜2カ月前に急に低下します。このことを理解し、インテーク、アセスメント、ケアプラン作成を行いましょう。

疾患により異なる症状や機能の低下 "3つの軌道"

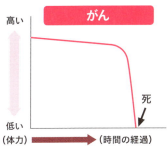

比較的長い期間、機能は保たれ、最後の2か月で急速に機能が低下する経過

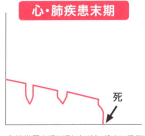

急性増悪を繰り返しながら、徐々に機能低下し、最後は比較的急な経過

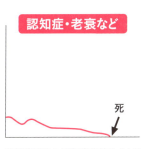

機能が低下した状態が長く続き、さらにゆっくりと機能が低下していく経過

出典：Lynn j.：Serving patients who may die soon and their families, JAMA 285(7),930,2001

その人らしいケアプラン、豊かな表現のケアプランにするには？

本人や家族の言葉をていねいに聞くことが大切！

こんなことも意識して！

本人や家族とケアマネジャーの間に信頼関係が構築されると、"本音"も聞けるようになります。医療者とは異なる「生活」というアプローチでケアを考えるケアマネジャーに、医療者にはいいにくいことを話す方もいます。多職種連携の要であるケアマネジャーにとって、利用者と医療職の橋渡しをすることも重要な仕事です。

Part.1 アセスメントシートの書き方・ヒアリング例

疾患別利用者・家族との会話例

ヒアリングに際しては、質問を十分に吟味して臨む必要がありますが、それでも想定通りに話が進むとは限りません。ここでは疾患別に頻出する会話例を紹介しています。どのような受け答えで話を進めていくか参考にしてください。

アルツハイマー型認知症①

　認知症の場合、本人からの情報収集がどの程度可能か、実際にヒアリングを行ってみないとわかりません。また、記憶障害や、行動・心理症状などのために家族が疲弊している場合は、まず家族の話を聞かざるを得ない状況も多いですが、家族の話を十分聞いて不安を少しでも解消した上で、本人の気持ちなども可能な限り聞くように努めましょう。

CM：「日常生活でお困りのことはありますか」

家族：「同じものを何回も買ってくるし、お店でお金の計算もできないようです。日中は一人なので、火の元も心配です」

本人：「ときどき物忘れはあるけど大丈夫よ。ちゃんとやっています」

CM：「そうなんですね。お昼ご飯はご自分で作っているんですか」 　　　否定しないのは基本中の基本

本人：「ええ。料理は好きで、家族もおいしいといってくれます」

家族：「それが、最近味付けがおかしくて……」

CM：「○○さんは、特にどんな料理が得意なんですか」

本人：「いなり寿司です。子どもたちが好きで、よく作っていたので」

家族：「そうね。お母さんのいなり寿司はおいしかったわ」

CM：「娘さんがお時間のあるときに、一緒に作ってみてはいかがでしょう」

アルツハイマー型認知症②

　認知症は若い世代でも発症しやすく、現役で働いている人の場合、特に記憶が混同しがちです。家族への確認も併せて行いながら、話を進めましょう。

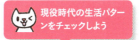
現役時代の生活パターンをチェックしよう

CM：「いつもだいたい何時頃寝るのですか」

本人：「1時頃」

家族：「仕事をしていたときは残業が多く、毎晩夜中1時くらいに寝るのが普通でしたから。その頃と同じくらいの時間に寝ていると思っているのでしょうね。実際は朝方5時頃まで起きています」

CM：「日時や曜日がわからなくなったりしますか」

家族：「ええ、時計を見ても、私が『今、何時よ』といっても、わからないようです」

CM：「病気のために時間の観念がわからなくなることがありますが、生活のリズムを整えることで、夜ちゃんと眠れるようになることも多いですよ」

家族：「そうなると助かります。夜中テレビつけっぱなしでこちらが睡眠不足です」

CM：「日中は何時頃まで寝ていますか」

本人：「……」

家族：「午後3時くらいですね」

CM：「起きてからはどう過ごされていますか」

本人：「テレビ」

家族：「つけっぱなしでぼんやり眺めている感じです。寝ぼけて仕事に行こうとすることもあって、説得するのが大変です。何かできることがあればさせてあげたいのですが……」

本人：「早く仕事に戻りたい」

CM：「外に出かけて他の人と話したり役割を持ったり、メリハリのある生活ができるようご支援します。いいかたちでデイサービスが利用できるように考えましょう」

パーキンソン病とレビー小体型認知症

　レビー小体型認知症の特徴的な症状として、幻視・妄想が挙げられます。他の認知症と比べしっかりと話す傾向がある（一方で、急に会話ができなくなることもある）ため、幻視の話に戸惑いがちですが、幻視と考えられる内容については、ケアによって幻視を軽減することもできるので、必要に応じて、家族にも確認しながら聞き取りましょう。

CM：「いつもこの居間で過ごされているのですか」

本人：「テレビの上で小さな人が躍っているから、それを見てるの」

CM：「それを見て、どんな気持ちになりますか」

本人：「楽しいわ」

CM：「そうなんですね。ご家族が外出されるときはどうなさっていますか」

本人：「……」

家族：「出かけるときはベッドに寝かせています。そのほうが安心ですし」

CM：「日中寝ると、夜眠れなくなったりするかもしれませんね。昼間は適度に体を動かせるといいですよね」

家族：「身の回りの世話で疲れて、運動まで手が回りません」

CM：「デイサービスではリハビリやレクリエーションも行いますし、デイケアや訪問リハビリで体を動かすこともできますよ」

家族：「デイサービスなどが利用できたら、私も安心して出かけられます。あなた、どうかしら？」

本人：「でも知らない人ばかりだと気を遣うよ」

CM：「見学もできますから、一度体験されてみてはいかがでしょう。私も同行しますから」

本人：「なら行ってみようかねえ」

家族：「私も一緒に見に行きます」

見学や体験は積極的に参加を促そう

脳卒中後片麻痺

　コミュニケーションが困難になる障害が残ることも多いので、本人の気持ちや意向をいかに聞き取るか（汲み取るか）がポイントです。身体介護や生活支援につながることを、家族からも十分聞き取るようにしますが、本人と家族の意向にギャップがないか、またギャップがある場合はどのようにすり合わせていくか、考えながら会話を進めていきましょう。

CM：「お風呂はどうされていますか」

家族：「私一人ではお風呂に入れられないので、毎日体を拭いています。週末息子が来たときに入れてもらっています」

CM：「そうですか。以前は週に何回入られていましたか」

家族：「お風呂は好きで毎日入っていました。温泉も好きなんです。できればもっと入れてあげたいです」

CM：「そうですよね。デイサービスや入浴サービスもありますが、まずはご自宅でお風呂に入れるよう住宅改修を考えてみませんか」

「そうですよね」「わかりました」など、相手を受け止める言葉が大切

本人：「うん。うちのお風呂がいいな」

CM：「段差をなくすほかに、浴槽を浅くしたり、腰掛け付きの浴槽にしたりすることもできるんですよ」

家族：「そうなれば、いまよりも楽になります」

CM：「入浴介助の仕方はお教えしますので、もし可能ならそのときは息子さんもご一緒がいいですね」

家族：「助かります。できるだけ早くお願いします」

本人：「お風呂上がりはみんなでビールだな」

Part.1 アセスメントシートの書き方・ヒアリング例

糖尿病

　病気の背景には長年の生活習慣があります。それがどのようなものだったか、何にこだわりを持っているのかを、よく聞き取るようにしましょう。障害に対するケアだけに目を奪われ、病気の本態を見逃してしまうと、合併症の進行を抑えることができません。医療機関とのかかわりについても情報収集しましょう。

CM：「食事はどれくらい食べられますか」

本人：「半分くらい」

家族：「食欲はあるようですが、最近残すことが多いです」

CM：「どんなものを残されるのでしょう」

> なぜそうなってしまうのか、掘り下げて聞き、原因を探る

本人：「味が薄いものとか。あと、同じものが続くとねぇ……」

家族：「忙しいと治療食をつくるのが大変で、メニューが広がらないんです」

本人：「私の分を別につくってくれるから、ちゃんと食べようと思ってはいるのだけど……」

CM：「インスリン治療をなさっているので、食べる量が少なかったりすると低血糖になりやすいですよね。冷や汗が出たり、手足が震えたり、ぼーっとしたりすることはありませんか」

本人：「特にありませんけど……」

> 症状が出ないまま、低血糖になることもあります（無自覚性低血糖）

家族：「主治医からも低血糖に注意するように
　　　いわれています」

CM：「食事の内容や食べる時間を、少し考え直してみるといいかもしれませんね。主治医や栄養士と話し合ってみます」

変形性膝関節症

　変形性膝関節症や大腿骨頸部骨折など、整形外科疾患では、リハビリが重要な位置を占めます。本人の意欲を引き出す目標設定ができるように、その人の人生の歴史や生活背景を、共感を持って聞きましょう。小さな成功体験を積み重ねることによって、したいことができるよろこびと希望を感じ、意欲向上に結びつきやすくなります。

CM：「膝が痛むのはつらいですね。いま一番困っていることは何でしょう」

本人：「先生には適度に動かしたほうが痛みも軽くなるといわれているけど、痛いとやっぱり動けないでしょ。気がついたら何もできなくなっちゃった」

CM：「こんなに痛くなる前は、何でもご自分でなさっていたのですか」

本人：「ええ、もちろん。体を動かすのが好きで、外出もしょっちゅうしてたわ」

CM：「活動的なタイプなんですね」

本人：「そうよ、子どものときから駆けっこも一番だったし、ママさんバレーでも選手だったのよ」

CM：「そうなんですか、運動神経がいいのですね。うらやましい」

本人：「でも膝のせいで何もできなくなってしまったわ」

CM：「動かさないとさらに筋肉が衰えてしまいますし、先生がいうように適度に動かしたほうが痛みも改善するんですよ。どんな運動がいいか、先生に確認してみましょう」

本人：「またお友だちと出かけられるようになるかしら」

CM：「そうなるように頑張りましょう。少しずつできることが増えていくといいですね」

本人があきらめていることでも、運動療法で改善することもある！

Part.1　アセスメントシートの書き方・ヒアリング例

末期がん

　がんの末期になると、体のさまざまな機能が低下して、その結果多様な症状も出現してきます。食欲低下やだるさ、むくみなど、改善が難しい症状もありますが、できることを行い、少しでも快適に生活できるようにすることで、患者さんや家族の気持ちはやわらぎます。受容的な態度で話を聞くことも、ケアの一つです。

CM：「お通じはいかがですか」

本人：「毎日下痢です。1日に何回もなのでつらいです」

家族：「便が大量に出て、オムツから漏れることもありますね」

本人：「家族に手をかけさせて申し訳ないんだよ」

CM：「でも、オムツを替えないと気持ち悪いですよね」

> 本人の遠慮する気持ちも受け止めよう

家族：「オムツかぶれもしやすいし本人もかわいそうだけど、私も大変」

CM：「尿道に管が入っていますから、それも気を遣いますね。陰部洗浄もなさっているのですね」

家族：「はい。清潔にしないとかぶれるし、管も入っているから……。そう思うと神経質になって余計時間がかかります。朝は特に大変です。食事の支度もありますから」

CM：「そうですよね。では、朝の一番忙しい時間帯に、排泄のケアをさせていただくというのはいかがでしょうか。8時前の早い時間帯だと、少し割り増し料金がかかってしまうのですが、その点は?」

家族：「この人が快適で、私も楽なら多少はかまいません。ぜひお願いしたいです」

本人：「私もそのほうが、気が楽です。ヘルパーさんには申し訳ないが……」

CM：「ご心配はいりません。ご本人が快適なのが一番ですから。では早速プランを立てて、金額などもお知らせさせていただきますね」

Part.2 ケアプランの書き方・文例

本Partでは、ケアプラン第1表、第2表、第3表の書き方について説明します。疾患ごとに書式の記載例と、各項目ごとに複数の文例を紹介しています。どのように書けばよいか、どう表現すればよいかわからない際にお役立てください。

Part.2 ケアプランの書き方・文例

作成の手順を理解し、確実に押さえよう

　よいケアプランを作成するために大切なのは、1.「している生活行為」と「できている生活行為」のチェック、2．本人と家族のニーズを確認、3．活動レベル・参加レベルでの目標設定（正確な予後予測を行う）、4．プログラムの決定（チームアプローチ）というステップをきちんと踏むことです。

　この4つのステップを根幹に、アセスメントからケアプラン作成までの具体的な手順と、各段階でのポイントを示したのが次のフローです。手順を確実に押さえることにより、課題分析の漏れなどを防ぎ、本人や家族の意向に沿ったプランを作成することができます。

利用者側に寄り添った表現の工夫を心がけて

　ケアプランは、「利用者・家族の意向」から「サービス内容」まで、きちんと道筋がつながっていることが重要ですが、それと同時に、利用者のその人らしさがにじみ出るものでもあるべきです。「利用者・家族の意向」は、その人の言葉をそのまま書くことが望ましいですが、それを「総合的な援助の方針」、「生活全体の解決すべき課題（ニーズ）」に落とし込む際には、書く人の表現力が求められます。

　どのプランも似たような書き方になってしまうという場合、同じことでも視点を変えてみたり、いつも無意識に使っている言葉の意味を問い直し、利用者側に寄り添ったものに変更するなどの工夫をしてみましょう。とくに認知症や末期がんの場合は、本人や家族の心情に配慮し、「認知症のために」→「もの忘れがときどきあるため」、「がんのために」→「ご病気のために」「体が不自由になったために」など、表現を工夫しましょう。

　また、ケアプラン作成には医療用語などの知識を備えておくと役立ちます。

① アセスメント（Part.1参照）

② ニーズ把握と課題分析（Part.1参照）

③ 仮ケアプランの作成（Part.2参照）
1) 本人の意向（ニーズ）と課題を設定
   - 最初のアセスメント情報の整理が正しいか再度確認
2) 課題解決に向けた長期・短期目標を設定
   - 課題分析における目標設定が正しいか再度確認
3) 短期目標を達成するための具体的な支援策を設定
   - サービスありきの内容になっていないかを検証する
4) 利用者との再面談で仮ケアプランを提示・検討
   - 「なぜこういうプランになったか」をしっかり認識しておく

④ サービスの調整（Part.3参照）
1) 仮ケアプランが受け入れられたらサービス事業者を選定
   - 利用者の希望があれば現地見学なども実施する
2) 候補となる事業者との間でスケジュール等を調整
   - 地域資源が限られる場合もあるが、利用者の希望を優先する努力をする
3) サービス担当者会議の招集に向けた調整
   - 仮ケアプランを提示し、「プランの根拠」を伝える

⑤ サービス担当者会議（巻末資料参照）
1) 仮ケアプランに対する事業者側の意見を聞く
   - すべての項目についてあいまいにせず、各事業者から了承を得る
2) サービス提供計画の土台となる方向性の確認
   - 全体的な方向性（優先順位）とズレがないか常に検証する
3) 作成されたサービス提供計画をチェック
   - 必要に応じて会議後に事業所と個別に打ち合わせを行う

⑥ 本ケアプランの作成（Part.2参照）
1) 具体的なサービス日程などを含んだ本ケアプランを作成
   - 具体的なサービスが長期目標に沿っているか検証する
2) 本ケアプランを利用者に提示し、確認を得る
   - 疑問点、意見などを率直に出してもらうことが重要
3) サービスの開始とモニタリングの実施
   - サービス開始直後、確認のために現場に足を運ぶことも考える

Part.2 ケアプランの書き方・文例

ケアプラン第1表を書く際のポイント

ケアプラン第1表を書く際のポイント

❶ 利用者及び家族の生活に対する意向

課題分析で明らかになった、利用者や家族の意向を明確に書きます。利用者や家族の言葉をそのまま書くとわかりやすいですが、客観性を失わないようにすることがポイントです。利用者と家族の意向が異なる場合は、各々の主訴となるものを区別して記載しましょう。

❷ 介護認定審査会の意見及びサービスの種類の指定

事前に入手している「要介護認定等にかかる情報」の中で、「認定審査会意見及びサービスの種類の指定」に記載があれば書き写します。「利用者及び家族の生活に対する意向」との間にズレがある場合は、「総合的な援助の方針」で調整を図ります。

❸ 総合的な援助の方針

❶の「利用者及び家族の生活に対する意向」を実現するためのサービスを、ケアチームがどのように提供していくのか、全体的な方針を書きます。衣食住という生活の基本を踏まえ、排泄、入浴、食事のサービスがきちんと整えられるように意識しましょう。「何をするか」にとどまらず、「どのように」を考えることが大切です。

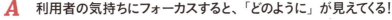

  「総合的な援助の方針」について、「何をするか」はともかく、「どのように」を書くのが苦手です。

 A 利用者の気持ちにフォーカスすると、「どのように」が見えてくる！

できなくなっていることが少しでもできるようになったら、誰でもうれしくなります。いままで不快だったことが快適になったり、我慢することが少なくなったら笑顔になります。「自分でできたという実感が持てるように…」「自室で快適に過ごせるように…」「排泄で嫌な気持ちにならないように…」など、その人の気持ちに寄り添って考えると、サービスの本当の意味が浮かび上がるので、そこを表現しましょう。

Part.2 ケアプランの書き方・文例

ケアプラン第2表を書く際のポイント

第2表

第2表					居宅サービス計画書（2）				作成年月日 20○○年 ○月 ○日		
利用者名 ○田○子 殿											
❶ 生活全体の解決すべき課題（ニーズ）	❷ 目標				❸			❹ 援助内容			
	長期目標	（期間）	短期目標	（期間）	サービス内容	※1	サービス種別	※2	頻度	期間	
夫のためにも、できるだけ自分で調理したい	調理を続けられる	○月○日～○月○日	安全に手順に沿って調理できる	○月○日～○月○日	調理の見守り		家族	適宜		○月○日～○月○日	
骨折後に低下した歩行能力と体力を、少なくとも一人暮らしが不安なくできる程度に回復させたい	歩行能力が向上	○月○日～○月○日	杖で自力歩行できる	○月○日～○月○日	下肢に筋力をつけるためのリハビリテーション	○	通所リハ	有限会社○○	週2回	○月○日～○月○日	
自宅のお風呂に入りたい	自力で入浴できる	○月○日～○月○日	家族の介助で入浴できる	○月○日～○月○日	①入浴の見守りと介助 ②浴室に手すりを設置	○	②住宅改修	①家族 ②○○工務店		○月○日～○月○日	
趣味のカラオケを続けたい	趣味のカラオケサークルを続けられる	○月○日～○月○日	カラオケ教室まで自力で行ける	○月○日～○月○日	カラオケサークルへの参加		市の高齢者支援事業	家族			

第1表の「総合的な援助の方針」に沿って、優先順位の高いものから記載しよう

※1 「保険給付対象かどうかの区分」について、保険給付対象内サービスについては○印を付す。
※2 「当該サービスを行う事業所」について記入する。

❶ 生活全体の解決すべき課題（ニーズ）

本人や家族の意向（ニーズ）を実現しようとする際に障害となる問題を明らかにし、「目標」に近づくために取り組むべき課題を書きます。

❷ 長期目標

個々の解決すべき課題に対して設定します。「○○してもらう」という書き方ではなく、「○○になる」「○○できる」というように、到達目標をきちんと示しましょう。

❸ 短期目標

長期目標の達成に向け、段階分けした目標を設定します。短期目標を1つずつクリアすることによって課題が解決され、長期目標に近づけるようにします。そのため、短期目標は実現可能なものを、具体的に（抽象的な表現ではなく）書くことが求められます。長期目標達成までの道のりをイメージし、誰にでもわかるようにビジョンを示しましょう。

❹ サービス内容

短期目標を達成するために必要なサービスの内容と、その方針を記載します。書き方のポイントは、適切かつ簡潔であること。また家族による援助もできるだけ明記しましょう。

 Q 短期目標の設定が難しく、表現が抽象的になってしまいます。

 A とりあえず、いちばん近い実現可能な目標を設定しよう！

長期目標を達成するまでに必要なステップ（段階）は人それぞれです。利用者や家族が長期目標達成に向かうための第一歩を、短期目標として設定しましょう。「これならできる」と思える実現可能な近い目標なら、具体的に表現しやすいのでは？小さな目標をクリアするというステップを繰り返すことで、利用者や家族だけでなく、ケアプラン作成者にも自信が生まれるはずです。

Part.2　ケアプランの書き方・文例

ケアプラン第3表を書く際のポイント

第3表

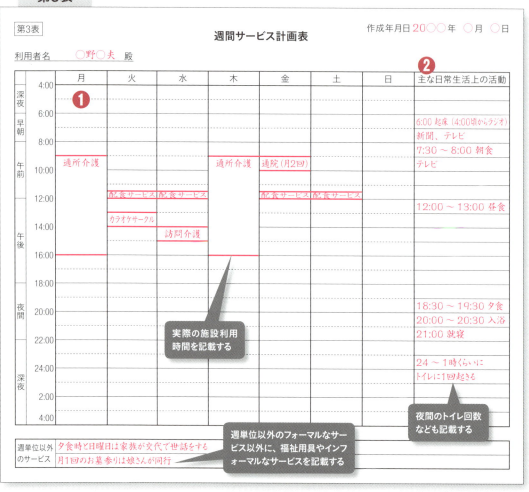

❶ 週間サービス計画表

訪問介護サービスを利用する時間、通所介護サービスを利用する（施設を利用する）時間を記載します。

❷ 主な日常生活上の活動

利用者の平均的な1日の過ごし方を記載します。起床および就寝の時間、食事、排泄、入浴など、基本的なことに漏れがないようにしましょう。曜日によって異なる行動をしている場合は併せて明記します。例：掃除（火・土）

 Q 「主な日常生活上の活動」が、ワンパターンになってしまうのは仕方ない？

 A 「生活全般の解決すべき課題（ニーズ）」に関係するものを中心に、パターンにとらわれず書こう

起床、就寝、食事、排泄といった基本の日常生活活動は押さえつつ、たとえば引きこもりがちなら「テレビ」「昼寝」など、「生活全般の解決すべき課題（ニーズ）」に関係する習慣を抽出しましょう。課題が解決に向かう中で、問題となっている習慣の改善が、ここの記載で明確になることもあります。

 Q 「解決すべき課題」を分析して挙げているつもりなのに、単に「問題の羅列」になっていると、同僚やサービス提供業者に指摘されてしまいます。

 A 課題を、"問題"ではなく利用者と家族の"ニーズ"ととらえてみよう！

例えば、一人暮らしを維持したいがADLの低下が壁となっている場合、「ADLの低下」は、利用者や家族の意向を阻む"問題"です。一人暮らしの維持という利用者や家族のニーズ（要求、欲求、必要）を実現するためには、問題の解決、すなわちADLの回復が必要です。課題を"問題"ではなく、"ニーズ"ととらえると書きやすくなるでしょう。

Part.2 ケアプランの書き方・文例

Case1 アルツハイマー型認知症

- 本人や家族がもっとも困っていることに焦点を当てる
- 家族のサポートにも目を向ける

第1表

| 第1表 | 居宅サービス計画書（1） | 作成年月日 20○○年 ○月 ○日 |

初回・紹介・継続　認定済・申請中

利用者名　○本○子　殿　　生年月日 19○○年 ○月 ○日　　住所 ○○県○○市○○町11-1
居宅サービス計画作成者氏名　△田△子（ケアマネジャー）
居宅介護支援事業者・事業所名及び所在地　株式会社○○○○　○○県○○市○○○3-2-1
居宅サービス計画作成（変更）日 20○○年 ○月 ○日　　初回居宅サービス計画作成日 20○○年 ○月 ○日
認定日 20○○年 ○月 ○日　　認定の有効期間 20○○年 ○月 ○日〜 20○○年 ○月 ○日

要介護状態区分　要介護1・**要介護2**・要介護3・要介護4・要介護5

Good! 本人の意向も重要。問題となる行動の改善につなげられる可能性がある

利用者及び家族の生活に対する意向
本人「ここ（自宅）がいい。夫と一緒にここにいる」
夫「自分も高齢で疲れやすく、細かい面倒を見るのがおっくうになるときがあります。長年連れ添ったので家にいてほしいが、これ以上認知症が進むと介護に自信がない」

介護認定審査会の意見及びサービスの種類の指定

総合的な援助の方針
・心身を活性化させるため、メリハリのある生活ができるように支援します
・生活リズムを維持し、できるだけ多くの人との交流が楽しめるようにします
・本人や家族が困ったとき迅速に対応できる体制をつくり、不安なく在宅介護ができるように支援します
※緊急連絡先：夫携帯番号　○○○-○○○○-○○○○、長女携帯番号　○○○-○○○○-○○○○
※担当医：○○内科○○先生　○○-○○○○-○○○○

生活援助中心型の算定理由　1.一人暮らし　2.家族等が障害、疾病等　3.その他（　　　　　）

事例

○本○子さん（78歳）

- 映画や観劇が好きで週に数回は外出していた
- 3年ほど前から物忘れが始まり、1年前から道に迷うことも。最近は家事ができない
- アルツハイマー型認知症と診断された。認知症の薬のほか、狭心症と不整脈の薬を内服中
- 平日は82歳夫、週末は近所に住む長女が家事を行っている

第2表　居宅サービス計画書（2）

作成年月日 20○○年 ○月 ○日

利用者名　○本○子　殿

生活全体の解決すべき課題（ニーズ）	長期目標	（期間）	短期目標	（期間）	サービス内容	サービス種別	頻度	期間
家族の中で役割を持ち、自宅で自分らしく生きたい	草花の世話など、家庭の中で役割を持ち、いきいきと暮らせる	○月×日～○月×日	育てている草花の水やりを日課にする	○月×日～○月×日	毎朝水やりを促し、習慣化する		毎朝	○月×日～○月×日
外出できないが、閉じこもりきりにはなりたくない	定期的に外出でき、人的交流もできる	○月×日～○月×日	外出の機会、人的交流の機会が増える	○月×日～○月×日	①行動、活動の介助と交流支援 ②より多くの人との交流支援	①通所介護 ②地域の認知症カフェへの参加	週3回（火、木、土）週3回（月、水、金）	○月×日～○月×日
規則正しい生活を送り、健康を保ちたい	規則正しい生活で、健康を保てる	○月×日～○月×日	起床時間、就寝時間が整い、3食決まった時間に食事ができる	○月×日～○月×日	日常生活の評価・指導		随時	○月×日～○月×日

Good!　「いきいきと」「前向きに」などポジティブな言葉を一言添えよう

う〜ん　「1人では外出できない」など、外出できない状況を具体的に書くとよい

Good!　課題→長期目標→短期目標という流れがひと目でわかるように、高さを揃えて書く

Good!　インフォーマルな社会資源の利用も記入

Part.2 ケアプランの書き方・文例

Check!

- ✔ 本人と家族の意向を客観的に、実際に使われた言葉で記入した。
- ✔ 認知機能の低下により生じた、生活上の障害が伝わるように書いた。
- ✔ 行動・心理症状に対する援助を記入した。
- ✔ 総合的な援助の方針に本人の意向が反映されている。
- ✔ 家族をいかにサポートするかも記入した。

第3表

第3表							週間サービス計画表	作成年月日 20○○年 ○月 ○日

利用者名　○木○子　殿

		月	火	水	木	金	土	日	主な日常生活上の活動
深夜	4:00								
早朝	6:00								7:00 起床（5:00頃から目は覚めている）テレビ
	8:00								7:30 〜 8:00 朝食
午前	10:00		通所介護		通所介護		通所介護		テレビ
	12:00							家事の手伝い（長女）	12:00 〜 13:00 昼食
午後	14:00	認知症カフェ		認知症カフェ		認知症カフェ			
	16:00								
夜間	18:00								18:30 〜 19:30 夕食
	20:00								20:00 〜 20:30 入浴
	22:00								21:00 就寝
深夜	24:00								
	2:00								
	4:00								

Good! 基本的に、第2表に掲げたサービスを、保険給付対象の内外を問わず記入する

週単位以外のサービス	夫の介護負担を減らすために、月1回、数日〜1週間程度短期入所生活介護を利用

064

文例

第1表 利用者及び家族の生活に対する意向

本人の意向
[在宅を強く希望]

- 施設に入るのは絶対に嫌です。一人でもこの家で暮らしていきたい
- 家にじっとしているのは嫌。いまのままの生活を続け、買い物や旅行にも出かけたいです
- 家族は私を施設に追いやろうとしている。ここの主は私だから離れるつもりはありません

本人の意向
[できれば在宅を希望]

- 家族に迷惑をかけるのは申し訳ない。できれば家にいたいが、家族が決めたことに従うつもりです
- このままこの家で暮らしたいが、家族のいうように火の元などは自信がない。自分でもどうしていいかわかりません

家族の意向
[介護に前向きなケース]

- 物忘れや理解力の低下があり、長時間一人にしておくのは心配ですが、家に閉じ込めておくのは刺激もないし認知症が進んでかわいそう。基本的には家でみますが、デイサービスを希望します
- 食事に集中できなかったり、じっとしていられずうろうろして落ち着かない様子なので、母も家族も穏やかに暮らせるようにしたい

家族の意向
[介護に不安を抱えているケース]

- 父が認知症になっていくのが受け入れられず、ついどなったりして本人に感情をぶつけてしまいます。一人で介護を続けるのは心配です
- 認知症の夫を介護し、毎日2人きりで過ごしていると大きなストレスを感じます。手助けしてくれる人や、悩みを聞いてくれる人がほしい
- 母が外出して帰って来られなくなると心配なので、家から出ないように本人にいっています。外出のとき一緒に行ってあげられるとよいのですが……
- 怒ったり泣いたり、私(夫)をたたいたりして、手がつけられなくなることがあります。私も疲れてしまい、もう施設しかないかもしれないと思っています

Point! 本人や家族のニーズを、もっともよくあらわしていると思われる言葉をすくい取り、そのまま書くようにしましょう。解釈を加えて書式用に見栄えのよい言葉や、類型的な言葉に差し替えてしまうと、その人が本当に求めているケアやサービスにつながりにくくなります。

Part.2 ケアプランの書き方・文例

第1表 総合的な援助の方針

本人への支援
- 閉じこもりを防ぎ、人と交流できる機会を増やして生活を楽しめるようにします
- デイサービスの利用で、外出の機会、他者と交流する機会を創出。気分転換や心身の活性化が図れるようにします

家族への支援
- 介護者が定期的にご自分の時間が持てるように支援します
- 心配なことや不安なこと、介護サービスについて相談できる体制を作り、自宅での介護が継続できるようにします
- ご本人が何を訴えようとしているのかを、家族とともに考え、適切なケアにつなげます

第2表 生活全体の解決すべき課題

本人への支援
- 入浴や着替えにより、清潔が保てる
- コンビニ弁当などが中心なので、栄養バランスのよい食事に改めたい
- お金の計算に不安があるが、安心して暮らしたい
- 言語障害があるが、希望や気持ちを周囲にうまく伝えたい

家族への支援
- 不安なく介護したい
- 長期化した介護で疲れはあるが、できるだけ在宅でみたい
- 家族は同居でないが、本人の状態をこまめに知りたい

Point! 課題を羅列するのではなく、絞り込むことが大切です。優先順位の高いものから記入しましょう。

用語解説

尿路感染症
腎臓から尿道までの「尿路」に起こる感染症。大腸菌、ブドウ球菌、腸球菌などが尿道か膀胱に入り込んで炎症を起こす。排尿時痛、頻尿、尿混濁が主症状。解剖学的に尿道の短い女性に多くみられるが、男性でも尿道カテーテルを挿入中には起こりやすい。

第2表 ## 長期目標

本人への支援
- 趣味のゴルフを続けられる
- 1日3食バランスのよい食事ができる
- 支援を受けながら金銭管理ができる
- 清潔を保って気持ちよく暮らせる

家族への支援
- 長く在宅で介護できる
- 家族が自分の時間を持てる

第2表 ## 短期目標

本人への支援
- 配食サービスの利用が定着する
- 金銭管理の不安が軽減する
- 陰部、臀部の清潔を保ち、**尿路感染症**にならない
- 家族と意思の疎通ができる
- 日中活動し、夜間よく眠れる

家族への支援
- 家族が困りごとを気軽に相談できる
- 家族が休養をとれる
- 本人の状態について、家族がいつでも知ることができる

用語解説

記憶障害

記憶機能は、「記銘」(データの入力)、「保持」(データの保存)、「追記(想起)」(データを検索して取り出す)の3段階から成り立つといわれている。記憶障害は、「記銘の障害」と「追想の障害」に大きく分けられ、認知症の記憶障害は記銘の障害にあたる。加齢による生理的な物忘れは、記銘力の低下もあるが、追想の障害による「記憶減退」であることが多く、ヒントを与えられれば思い出せる。

見当識障害

「見当識」とは、自分が置かれている場所、時間、環境を把握する認識能力。見当識が障害されると、いま自分がいる場所や、日時、曜日、時間、環境、さらには自分の年齢や名前、家族の顔や名前、関係性などがわからなくなる。見当識障害は、認知症でよくみられる症状の一つである。

Part.2 ケアプランの書き方・文例

Case 2 パーキンソン病とレビー小体型認知症を併発

- 身体症状と精神症状の両方に留意して記入する
- 幻視や妄想を軽減させるようなケア方法を見つけ、記入する

第1表

第1表	居宅サービス計画書（1）	作成年月日 20○○年 ○月 ○日

初回・紹介・継続　　認定済・申請中

利用者名　○川○男　殿　　生年月日 19○○年 ○月 ○日　　住所 ○○県○○市○○ 33-3
居宅サービス計画作成者氏名　△野△恵（ケアマネジャー）
居宅介護支援事業者・事業所名及び所在地　株式会社○○○○　○○県○○市○○ 2-1
居宅サービス計画作成（変更）日 20○○年 ○月 ○日　　初回居宅サー
認定日 20○○年 ○月 ○日　　認定の有効期間 20○○年 ○月 ○日〜 2

> **Good!** 妄想などの内容が共有できるように、具体的な記述を心がける

要介護状態区分	要介護1・要介護2・要介護3・要介護4・要介護5
利用者及び家族の生活に対する意向	本人「知らない人が家にいたり、小人が布団の上で踊っていたり、怖い思いをしているのに家族はわかってくれない。前のように静かに暮らしたいです」 長男「病気のせいというが、よくわからず困っている。これ以上悪くなったら施設も考えたいですが、落ち着いているときは穏やかなので、本人の意思も尊重してしばらくは家での介護を続けたいと思います」
介護認定審査会の意見及びサービスの種類の指定	
総合的な援助の方針	・幻視に適切に対応し、本人と家族が安心して暮らせるようにします ・ご家族が仕事を続けながら在宅介護ができるように支援します ・転倒を予防し、身体機能の低下を防ぎます ・できるだけADLが保てるように支援します ※緊急連絡先：長男携帯番号　○○○-○○○○-○○○○、長男の妻携帯番号　○○○-○○○○-○○○○ ※担当医：○○医院○○先生　○○-○○○○-○○○○
生活援助中心型の算定理由	1.一人暮らし　2.家族等が障害、疾病等　3.その他（　　　　　）

> **Good!** 家族もプランを見ることを意識して書こう

068

パーキンソン病とレビー小体型認知症を併発

事例

○川○男さん（76歳）

- 2年前にパーキンソン病と診断、内服治療中
- 小股歩行、体のこわばり、手の震えがあり
- 2カ月前より会話の途中で返答できなくなり、1カ月前より**幻視**、**妄想**、**誤認**があらわれ、**レビー小体型認知症**と診断された
- 幻視に怯えて眠れず、家族も不眠となっている
- 幻視や妄想を否定すると言い争いとなりトラブルも多い。主な介護者は妻。長男家族と同居

第2表

第2表	居宅サービス計画書（2）			作成年月日 20○○年 ○月 ○日				
利用者名　○川○男　殿								

生活全体の解決すべき課題（ニーズ）	目標				援助内容			
	長期目標	（期間）	短期目標	（期間）	サービス内容	サービス種別	頻度	期間
幻視に悩まされることなく、落ち着いて生活できる	治療により、心穏やかに暮らせる	○月×日～○月×日	治療薬をきちんと飲める	○月×日～○月×日	服薬介助		随時	○月×日～○月×日
在宅介護を続けられる	ADLを低下させない	○月×日～○月×日	身体機能の維持	○月×日～○月×日	身体機能を維持するためのリハビリテーション	通所リハ	週3回（火・木・土）	○月×日～○月×日
自宅で安全に暮らしたい	転倒を防ぐ	○月×日～○月×日	自宅をバリアフリー化し、危険を取り除く	○月×日～○月×日	手すりの設置、段差の解消、お風呂場と玄関にベンチ設置	住宅改修		○月×日～○月×日

Good! 家族の意向も反映されているかチェックする

う〜ん 幻視、妄想が出やすい状況を把握し、それを避ける対策も記載しよう。例：細長いものが蛇に見えるので、紐などを目につかない場所に片付ける

069

Part.2 ケアプランの書き方・文例

Check!

- ✔ 身体的障害に関するケアを記入した。
- ✔ ADLの維持・向上に向けた援助の方針を示した。
- ✔ パーキンソン症状による転倒の危険を減らすケアを記入した。
- ✔ 幻視、妄想など、レビー小体型認知症の症状に関するケアを記入した。
- ✔ 長期目標、短期目標が本人や家族の意向に沿うものになっている。

第3表

第3表	週間サービス計画表	作成年月日 20○○年 ○月 ○日

利用者名 ○川○男 殿

		月	火	水	木	金	土	日	主な日常生活上の活動
深夜	4:00								
早朝	6:00								6:00 起床（夜間起きるときは10時まで寝る）テレビ
	8:00								7:30 ～ 8:00 朝食
午前	10:00		通所リハ		通所リハ		通所リハ		テレビ
	12:00								12:00 ～ 13:00 昼食
午後	14:00								昼食後は1～2時間うとうとして過ごす 2時頃から起きていることがある
	16:00								
夜間	18:00								18:30 ～ 19:30 夕食
	20:00								20:00 ～ 20:30 入浴
	22:00								21:00 就寝
深夜	24:00								
	2:00								
	4:00								
週単位以外のサービス		住宅改修（手すりの設置、段差の解消、ベンチの設置）							

Good! 昼寝をしていれば、どのくらいしているか記載

パーキンソン病とレビー小体型認知症を併発 Case2

文例

ダウンロード対応

第1表 利用者及び家族の生活に対する意向

本人の意向	病状が軽度	・体がいうことを聞かずもどかしい。外に出るのはおっくうですが、このまま寝たきりになるのは嫌です ・ご飯の上に虫がいるのに、家族が無理に食べさせようとするので許せない。ちゃんとした食事を出してほしい
		Point! パーキンソン病患者はレビー小体型認知症が、レビー小体型認知症患者はパーキンソン病の症状があらわれることがあります。どちらか一方なのか、両方みられるのか、もっとも困っていることは何かを総合的に考えて記入しましょう。
	病状が重度	・部屋に知らない子どもたちが上がり込んで騒ぐのでうるさい。いつも睡眠不足なのでゆっくり眠りたいです
家族の意向	病状が軽度	・足元がおぼつかなくて、転ばないかと心配ですが、四六時中見ているわけにもいきません。ほっとする時間がほしいです ・寝ているときに大声で寝言をいったり、急に手足をバタバタさせたりして、こっちが睡眠不足です
	症状が重度	・何もしゃべらず一日中寝ていて、このままでは本当に寝たきりになってしまうのではと心配です ・私も年なので、寝たきりの夫の介護がいつまで続けられるか心配です。最近腰が痛いですが、通院もままなりません
		Point! 体のこわばりや小刻み歩行は病気の症状なので、リハだけでなく疾病管理も重要です。また、幻視や妄想と、事実とをしっかり分け、プランを見た人が誰でもその区別ができるように記入しましょう。

用語解説

レビー小体型認知症
脳の大脳皮質の中に、レビー小体という物質が増えることによって起こる認知症。初期症状は、幻視、妄想、うつなどで、認知障害や睡眠時の異常行動などもみられる。パーキンソン病と同じレビー小体が原因なので、手の震えや小刻み歩行、体のこわばりなどパーキンソン病の症状が併発することもある。逆に、パーキンソン病の人がレビー小体型認知症になることもある。また、自律神経が障害され、便秘や尿失禁、起立性低血圧などもみられる。

071

Part.2 ケアプランの書き方・文例

第1表 総合的な援助の方針

病状が軽度
- ご本人が自信を持って生活できるように、身の回りのことはできるだけ自分でできるよう援助します
- 幻視が見えやすい食べ物は避けるよう援助し、食べられるものを出すようにして栄養状態が悪くなるのを防ぎます

 Point! 幻視や妄想を軽減でき、本人も家族も安楽になるので、重点的に記入しましょう。

- 転倒予防教室を紹介するなど、身体機能の低下を予防するとともに、社会性の維持・向上を図ります

病状が重度
- ご本人の話に耳を傾け、孤独感を募らせないように配慮します
- 医療者と連携し、症状の安定を図ります
- 通所介護や短期入所生活介護の利用などで、ご家族がまとまった休息の時間も確保できるようにします

第2表 生活全体の解決すべき課題（ニーズ）

病状が軽度
- 幻視、妄想などの症状に、周囲が適切に対応できる
- 薬の飲み忘れを防ぎたい
- 転倒しにくい環境をつくる
- 歩ける状態を保ちたい

病状が重度
- 夜間の異常行動により防げられている睡眠を改善したい
- 嚥下機能が低下しているが、誤嚥性肺炎を予防したい
- 家族の疲労が強いので、在宅介護が続けられる援助が必要

 Point! 幻視や妄想の内容は、1人ひとりで異なります。よく話を聞くことで、幻視、妄想を軽減させるヒントが見つかります。幻視、妄想などが出現するきっかけ、消える方法を見つけ、それをきちんと記入し、症状の軽減につなげましょう。

第2表 長期目標

病状が軽度
- 本人と家族が落ち着いて暮らせる
- 夜間、よく眠れる
- 転倒骨折を予防し、寝たきりを防ぐ

病状が重度
- 褥瘡を予防する
- 家族が在宅介護を続けられる
- 誤嚥性肺炎などを予防し、全身状態を良好に保つ
- 骨折など急な出来事にも対処できる

Point! パーキンソン病とレビー小体型認知症が併発している場合は、専門性の高い薬物療法が必要です。医師や看護師など医療者からの情報もケアプランに反映させ、病気の進行を抑えられるよう、連携体制を整えることも大切です。

第2表 短期目標

病状が軽度
- 幻視に対して、家族が落ち着いて対応できる
- 薬の飲み忘れを防ぐ
- 杖歩行で、碁会所まで行ける

病状が重度
- 適切な食事介助や口腔ケアで誤嚥を防ぐ
- 転倒せずにベッドと車椅子の移動ができる
- 皮膚のトラブルがなく過ごせる

用語解説

幻視
実際には存在していないものが、あるものとして生々しく見えること。暗くなるとあらわれやすい。

妄想
まったく合理的でない思い込みのこと。本人は信じ込んでいるので、否定されても受け入れられない。偶然の出来事が、自分に強く関係のあるように思ってしまうこともある。

誤認
人の顔を取り違えてしまう「人物誤認」のほか、食べたばかりなのに「朝ご飯はまだ?」などという「事実誤認」がある。「財布を盗られた」などの物盗られ妄想は事実誤認の一つ。記憶障害から生じる症状。

Part.2 ケアプランの書き方・文例

Case3 脳卒中後片麻痺

- 突然発症し、後遺症を残すことも。精神的ケアにも言及を
- 障害の本質を踏まえて記入することが重要

第1表

第1表	居宅サービス計画書（1）	作成年月日 20○○年 ○月 ○日

初回 ・ (紹介) ・ 継続　　(認定済) ・ 申請中

利用者名　○川○一 殿　　生年月日 19○○年 ○月 ○日　　住所 ○○県○○市○○町6-7
居宅サービス計画作成者氏名　△田△子（ケアマネジャー）
居宅介護支援事業者・事業所名及び所在地　株式会社○○○○　○○県○○市○○○8-9
居宅サービス計画作成（変更）日 20○○年 ○月 ○日　　初回居宅サービス計画作成日 20○○年 ○月 ○日
認定日 20○○年 ○月 ○日　　認定の有効期間 20○○年 ○月 ○日～20○○年 ○月 ○日

要介護状態区分	要介護1 ・ 要介護2 ・ (要介護3) ・ 要介護4 ・ 要介護5
利用者及び家族の生活に対する意向	本人「体が思うように動かせないのはもどかしいが、自分でできることはできるだけして家族に負担をかけずに家で過ごしたいです」「家族と話せなくなりさびしい」 家族「元気だった人が突然寝たきりになって戸惑っています。慣れない介護は不安ですが、高齢でもあるので、自分の家で過ごさせてあげたい」
介護認定審査会の意見及びサービスの種類の指定	
総合的な援助の方針	・誤嚥性肺炎や褥瘡など、状態を悪化させる要因を防ぎます ・身体機能の低下防止、改善を目指し、離床する時間を増やせるように援助します ・通所リハで嚥下機能を向上を図り、安全においしく食事ができるよう援助します ・家族とコミュニケーションがとれるよう援助します ※緊急連絡先：長男携帯番号　○○○-○○○○-○○○○ ※担当医：○○診療所○○先生　○○○-○○○○-○○○○
生活援助中心型の算定理由	1.一人暮らし　2.家族等が障害、疾病等　3.その他（　　　　　　　　　）

Good! 脳卒中後遺症は、発症年齢にもよるが、介護期間が長くなる傾向がある。残された機能を維持し、本人や家族が生活の中で楽しみや希望を持って暮らしていくためには、何が求められているかを聞き出して記入しよう

Good! 誤嚥性肺炎や褥瘡は、身体機能、ADLの維持・向上の妨げとなる

事例

○川○一さん（82歳）

- 3カ月前に脳出血で緊急入院し、手術後2週間で回復期病院に転院
- 1カ月前から在宅療養中。右半身麻痺
- **構音障害**（ゆっくり話せば聞き取れる）
- 嚥下能力が低下、**誤嚥性肺炎**を発症
- 利き手側に麻痺がある
- 家族は長男夫婦とその子ども2人、妻が主な介護者だが時間があれば長男夫婦も協力

第2表

居宅サービス計画書（2）

作成年月日 20○○年 ○月 ○日

利用者名　○川○一　殿

生活全体の解決すべき課題（ニーズ）	目標 長期目標	（期間）	短期目標	（期間）	援助内容 サービス内容	サービス種別	頻度	期間
嚥下機能が低下しているが、食べることが好きなのでおいしく食べたい	①咀しゃく・嚥下がスムーズにできる ②誤嚥を予防する	○月×日〜○月×日	①嚥下機能の向上 ②口腔内の清潔が保てる	○月×日〜○月×日	①嚥下訓練 ②口腔ケア指導	①②訪問リハ	週1回	○月×日〜○月×日
身の回りのことはできるだけ自分でしたい	健側を使って身の回りのことができる	○月×日〜○月×日	洗濯物を自分でためる	○月×日〜○月×日	手順の指導	訪問介護	週1回	○月×日〜○月×日
家族との会話が楽しめる	スムーズなコミュニケーションができる	○月×日〜○月×日	①構音障害のリハビリが行える ②会話ボードを使用して、家族に意思が伝えられる	○月×日〜○月×日	①専門施設への通院 ②会話ボードの調達と利用の指導	①②訪問リハ	週1回	○月×日〜○月×日

Good! 身体ケアを基本として記入する

Good! 精神的ケアも忘れずに記入しよう

Part.2　ケアプランの書き方・文例

Check!

- ☑ 生活に対する意向に、「本人がどうなりたいか」を明記した。
- ☑ 援助の方針が、機能の維持・向上に結びつくものとなっている。
- ☑ 全身状態の悪化を防ぐケアを記入した。
- ☑ 介護用具や住宅改修についても記入した。
- ☑ 介護者の年齢や健康状態を考慮した援助を記入した。

第3表

第3表	週間サービス計画表	作成年月日 20○○年 ○月 ○日

利用者名　○川○一　殿

		月	火	水	木	金	土	日	主な日常生活上の活動
深夜	4:00								
早朝	6:00								6:00 起床
	8:00								7:30 ～ 8:00 朝食
午前	10:00		通所リハ		通所リハ		通所リハ		
	12:00								12:00 ～ 13:00 昼食
午後	14:00					訪問リハ			
	16:00								
	18:00								
夜間	20:00								18:30 ～ 19:30 夕食 夕食は家族とともに居間で食べる
	22:00								22:00 就寝
深夜	24:00								
	2:00								
	4:00								

週単位以外 のサービス	

> **う〜ん**　家族の習慣などもあれば記載しよう。例：毎週水曜日は近所のスーパーで魚の特売日のため、その日は魚料理中心

文 例

ダウンロード対応

第1表 利用者及び家族の生活に対する意向

本人の意向	自立歩行できる	• リハビリを頑張って、好きな温泉旅行に行けるようになりたいです • 以前通りとまではいかなくても、仕事に復帰したいです • ヘルパーさんの力を借りながらできることは自分で行い、一人暮らしを続けていきたいと思います • こんな姿を人に見られたくない。できるだけ家の中で過ごしたいが、家族の迷惑になるのもつらい
	自立歩行できない	• 何もできなくなってしまった自分が情けない。リハビリをして一刻も早く今より動けるようになりたい • 体が重く、自分の体ではないようです。もうすぐ生まれる孫をこの手で抱きたいというのが今の望みです • 飼い犬の散歩ができなくなってしまったのがさびしい。できれば住み慣れた家がいいが、子どもはおらず、妻も高齢なので施設も仕方ないと思っています • デイサービスやリハビリは面倒。このまま楽に寝て暮らしたい
家族の意向	自立歩行できる	• 家を改修し、父が暮らしやすい環境を整えたいと思います。出かけるのが好きな人なので、そうさせてあげたいけど、安全面が心配です • この狭い家でちゃんと介護できるかどうか不安です。息子夫婦が近くに住んでいますが、あまり負担はかけたくありません • 仕事が趣味のような人なので、少しだけでも仕事ができるようになれば…
	自立歩行できない	• 思うように体を動かせず、言葉もうまくしゃべれないので、イライラしているのがわかります。私たちもどう接していいのかわからず困っています • 歩くのは無理でも、車椅子でいろいろなところに連れて行ってあげたいです • お風呂が好きなので、できれば毎日入れてあげたいですが、家族だけでは無理。他のことはできると思うので、入浴サービスを中心にお願いします • 本人はオムツを嫌がっていますが、トイレに連れて行くのは大変です。他の家族があまり手伝ってくれないので私がやるしかありません

用 語 解 説

構音障害
脳卒中が原因で起こる言語障害の一つ。言葉がわかるように発音するには、唇や舌、歯、あごやのど、鼻など多くの器官を使うが、これらの機能が障害されると、きちんと発音できなくなってしまう。

誤嚥性肺炎
細菌が唾液や胃液とともに肺に流れ込む「誤嚥」のために起こる肺炎のこと。脳卒中などのために、咳反射や嚥下反射など神経の活動が低下すると、誤嚥が起こりやすくなる。高齢者に多くみられ、再発を繰り返すのが特徴。

Part.2 ケアプランの書き方・文例

第1表 総合的な援助の方針

自立歩行できる
- 身の回りのことは自分でしてもらうなど体を動かす時間を増やし、**廃用症候群**を予防します
- 本人の能力を引き出し、生活に楽しみが見つけられるよう援助します
- 本人の気持ちを尊重しながら、リハに意欲が持てるよう援助します
- 福祉用具の利用により、生活の不自由さを改善し、快適に暮らせるよう援助します

自立歩行できない
- 誤嚥性肺炎や尿路感染症など、体調を悪化させる病気の予防と、症状の早期発見に努めます
- 低栄養になるのを防ぎ、全身状態を維持できるように支援します
- 離床する時間を増やし、褥創ができるのを防ぎます
- 短期入所生活援助を適宜取り入れ、在宅介護をなるべく長く続けられるように支援します

第2表 生活全体の解決すべき課題（ニーズ）

自立歩行できる
- 手首と肘の**拘縮**による生活の不便を改善する
- 夜間2回ほどトイレに行くが、その際に安全に歩行したい
- 引きこもりがちの生活を改善したい

自立歩行できない
- 今は車椅子だが、歩けるようになりたい
- 車椅子の移動、移乗で転倒したことがあるので、それを防ぎたい
- 寝たきりで嚥下障害があるので、誤嚥性肺炎を防ぎたい
- 陰部、臀部の清潔を保ち、快適に過ごしたい
- 膀胱留意カテーテルが入っているが、尿路感染症を防ぎたい
- 妻も体調が悪いので、介護の負担を減らしたい

Point! 麻痺や拘縮など身体的な障害だけでなく、失語や失認といった障害のためにコミュニケーションの問題や、誤嚥性肺炎、逆流性食道炎、尿路感染症、便秘、褥創、低栄養など、さまざまな問題が起こりやすい状態にあるので、多様な観点から課題を抽出し、優先順位を決めて重要な事柄から記入しましょう。

脳卒中後片麻痺

第2表 長期目標

自立歩行できる
- 自立歩行で散歩ができる
- 杖を上手に使って、自分の足で行きたいところに行ける
- 自力でトイレに行って排泄できる
- 掃除や炊事など、本人が望む最低限の家事が続けられる

自立歩行できない
- 自力で起居動作ができるようになり、寝たきりから脱却する
- 足首の拘縮が進むのを防ぐ
- 陰部や臀部の清潔を保ち、皮膚炎、褥創、尿路感染症などを予防する
- 車椅子で外出し、買い物や気分転換ができる
- 家族が自分の生活を守りながら介護を続けられる

第2表 短期目標

自立歩行できる
- 1泊旅行を目標に、リハビリ日記をつける
- 近所のスーパーに買い物に行く
- 杖を正しく使える
- トイレまで自力で歩ける
- 補助具を使って簡単な調理ができる

自立歩行できない
- 座位の時間を増やし、寝ている時間を減らす
- 道具を使って寝返りや起き上がりができるようになる
- 車椅子で家の中を移動できる
- 移動、移乗動作時の転倒、転落を防ぐ
- 天気のいい日は、近くの公園まで車椅子で出かける
- 緩下剤の調節などで便通を整える
- 栄養バランスのとれた食事ができる

用語解説

廃用症候群
体を動かさないことによって、心身のさまざまな機能が低下すること。筋力低下、拘縮、体力低下、起立性低血圧、認知症、沈下性肺炎などが起こるが、高齢者は進行が早いので注意が必要。

拘縮
長期間体を動かさないことにより、筋肉や関節が固くなって動きが悪くなることをいう。拘縮が起こると、筋肉や関節を動かそうとすると痛み、改善は困難である。離床を促し、筋肉や関節を動かすストレッチングを行うことなどが予防につながる。

Part.2 ケアプランの書き方・文例

Case 4 糖尿病

- さまざまな制限がある中、優先順位を決める
- 生活習慣病は、生活習慣を整えることが治療の基本

第1表

第1表	居宅サービス計画書（1）	作成年月日 20○○年 ○月 ○日

初回・紹介・継続　　認定済・申請中

利用者名　○川○美　殿　　生年月日 19○○年 ○月 ○日　　住所 ○○県○○市○○町109
居宅サービス計画作成者氏名　△野△子（ケアマネジャー）
居宅介護支援事業者・事業所名及び所在地　株式会社○○○○　○○県○○市○○○1
居宅サービス計画作成（変更）日 20○○年 ○月 ○日　　初回居宅サー
認定日 20○○年 ○月 ○日　　認定の有効期間 20○○年 ○月 ○日～20

う～ん　家族からの聞き取りでも本人の視点で記入する。例：大好きなビールが飲めなくなり、楽しみがなくなった

要介護状態区分	要介護1 ・ 要介護2 ・ 要介護3 ・ 要介護4 ・ 要介護5
利用者及び家族の生活に対する意向	本人「このままではどんどん動けなくなる。寝たきりになるのが心配」 娘「糖尿病の食事療法で、食べる楽しみがないのか食事を残しがちです。いつも不機嫌なので会話もありません。認知症になったら私一人で介護は無理です」
介護認定審査会の意見及びサービスの種類の指定	
総合的な援助の方針	・糖尿病が悪化して合併症が起こらないように、主治医や訪問看護師と協力して支援します ・食事療法をしながら、食べる楽しみもつくり、低栄養や低血糖を防げるように支援します ・体を動かす機会を増やし、筋トレも行ってADLの拡大を目指します ・外出や多くの人との交流の機会をつくり、少しでも活動的に過ごせるように支援します ※緊急連絡先：長女携帯番号　○○○-○○○○-○○○○ ※担当医：○○ホームクリニック○○先生　○○-○○○○-○○○○
生活援助中心型の算定理由	1.一人暮らし　2.家族等が障害、疾病等　3.その他（　　　　　　　　）

Good! 適切に医療用語を使う

080

糖尿病 Case4

事例

○川○美さん（80歳）

・糖尿病。20年前よりインスリン療法
・移動は車椅子。ここ数年は入退院を繰り返し、臥床が増えたため筋力が衰え、立位は補助必要
・1年前からは物忘れ、軽度の見当識障害がみられ、MCI（軽度認知障害）と診断された
・娘夫婦と3人暮らしで、主たる介護者は主婦である長女。長男は訪ねてこない

第2表

居宅サービス計画書（2）　作成年月日 20○○年 ○月 ○日

利用者名　○川○美

> **Good!** 糖尿病では低血糖を防ぐ対策を加えておくこと

生活全体の解決すべき課題（ニーズ）	長期目標	（期間）	短期目標	（期間）	サービス内容	サービス種別	頻度	期間
低血糖を防ぐ	低血糖を起こさない	○月×日～○月×日	1日に必要な栄養とエネルギーが摂取できる	○月×日～○月×日	日常生活の評価・指導	訪問介護	週1回	○月×日～○月×日
排泄はトイレでしたい	排泄動作が自立する	○月×日～○月×日	日中はトイレ、夜間はポータブルトイレで排泄する	○月×日～○月×日	①廊下とトイレに手すりを設置 ②ポータブルトイレのレンタル	①住宅改修 ②福祉用具レンタル		○月×日～○月×日
行動範囲を広げたい	車椅子で外出ができる	○月×日～○月×日	1日1回庭に出る習慣をつける	○月×日～○月×日	日常生活の評価・指導		随時	○月×日～○月×日
もっと頻回にお風呂に入りたい	1日おきに入浴できる	○月×日～○月×日	家族の介助で日曜日も入浴できる	○月×日～○月×日	浴槽の交換、浴室に手すりの設置	住宅改修		○月×日～○月×日
認知症になるのを防ぎたい	認知機能を保つ	○月×日～○月×日	外出と交流の機会ができる	○月×日～○月×日	外出、交流支援	通所介護	週3回	○月×日～○月×日

（縦書き見出し）アルツハイマー型認知症／パーキンソン病とレビー小体型認知症を併発／脳卒中後片麻痺／糖尿病／大腿骨頸部骨折／末期がん

081

Part.2 ケアプランの書き方・文例

Check!

✓ 糖尿病という原疾患を悪化させないケアを意識して書いた。

✓ 糖尿病の合併症を悪化させないケアを記入した。

✓ 腎症、網膜症、神経障害の病態と治療について、理解した上でケアを考え記入した。

✓ 生活習慣全般を見渡して、必要なケアを記入した。

✓ 本人の意欲向上につながるよう、言葉を選んで長期目標、短期目標を書いた。

第3表

| 第3表 | 週間サービス計画表 | | | | | | | 作成年月日 20○○年 ○月 ○日 |

利用者名　○川○美　殿

		月	火	水	木	金	土	日	主な日常生活上の活動
深夜	4:00								
早朝	6:00								
	8:00								7:00 起床 テレビ 8:30 〜 9:00 朝食
午前	10:00	通所介護		通所介護		通所介護			テレビ
	12:00								12:00 〜 13:00 昼食 13:00 〜 18:00　テレビ
午後	14:00								
	16:00								
夜間	18:00								18:30 〜 19:30 夕食
	20:00								
	22:00							家族の介助で入浴	21:00 〜 22:00　テレビ 22:00 就寝
深夜	24:00								
	2:00								
	4:00								

う〜ん　配食サービスなどがあれば、それも記載しておこう

週単位以外のサービス	

文 例

ダウンロード対応

第1表 利用者及び家族の生活に対する意向

本人の意向	糖尿病性腎症	・透析や食事制限などで縛られ、気が滅入る。たまにはビールくらい飲みたい ・透析だけでなく、目が見えなくなったり歩けなくなったりして、仕事ができなくなるのは困ります ・通院以外に外出することがないので、デイサービスを利用して生活に張りを持たせたいです
	糖尿病性網膜症	・住み慣れた家なので、家事など助けてもらえれば何とか暮らせるとは思いますが、これ以上網膜症が進まないようにしたいです ・思うように外出できなくなってしまったのがつらい。たくさん人がいるところは苦手なので、デイサービスに馴染めるか心配です ・1日1回、近所の公園に行くのが楽しみです。ヘルパーさんには公園への付き添いをお願いしたいです
	糖尿病性神経障害	・電気が走るような痛みとしびれがあり、気持ちが休まりません。外にも出かけたいですが、ベッドを離れられません ・車椅子になってしまいましたが、家を改修するなどすれば一人でも生活できると思います。入浴は介護サービスを受けたいです ・デイサービスに行くなら、同じような病気の人がいて話したり相談できたりするところがいいです
家族の意向	糖尿病性腎症	・遠距離介護なので、特に食事が心配。配食サービスを受けたい ・家計を助けるためにパートに出たいので、透析の送り迎えと通院（糖尿病）をお願いしたいです
	糖尿病性網膜症	・閉じこもりがちで、ぼけてしまわないかと心配。日中家族は誰もいないので、介護サービスではデイサービスを中心にお願いします ・目が見えにくくなり、身の回りのことができず不潔になりがちです。私も困っていますが本人もかわいそう
	糖尿病性神経障害	・痛みやしびれのためによく眠れないようです。何とかなりませんか ・熱さに鈍感で、先日も熱いやかんに触れてやけどしたので心配。本人は家事をしたがります ・太っているので、私だけで介護は難しい。夜間のトイレも介護サービスがあると助かります

Point! 糖尿病の合併症は、生活の質を著しく低下させます。生活上で困っていることを、きめ細かく拾い上げていきましょう。

Part.2 ケアプランの書き方・文例

第1表 総合的な援助の方針

糖尿病性腎症
- 起床や食事などの時間が定まっていないので、規則正しい生活ができるように支援します
- 健康状態の悪化を防ぐために、3食の食事介助で食事療法と水分制限が守れるように援助します

糖尿病性網膜症
- 視力低下と筋力低下のためふらつきがあるので、転倒骨折を防ぐための援助をします
- 調理などの家事、身の回りのことが安全に行えるよう援助します

糖尿病性神経障害
- 痛みやしびれの様子をみながら、活動範囲を広げられるように援助します
- 車椅子でも炊事などができるよう住宅改修し、快適に暮らせるように援助します

> **Point!** 糖尿病の合併症は、生活習慣が改善されない限り進行していき、あらたな合併症が出現することもあります。現在ある合併症にとどまらず、将来出現するかもしれない合併症も視野に入れて方針を記入しましょう。

第2表 生活全体の解決すべき課題（ニーズ）

糖尿病性腎症
- カロリー制限、水分制限を守り、病状の悪化を防ぎたい
- 透析や糖尿病治療の継続
- 水分制限を守りながら脱水を予防する
- 透析や通院のほかに人と交流できる

糖尿病性網膜症
- 視力が低下しているが、できるだけ自力で家事がしたい
- 体を動かす機会をつくり、筋力低下を防ぎたい
- 整理整頓された家で安全に暮らせる

糖尿病性神経障害
- 神経障害による下肢の感覚麻痺でケガに気づきにくいため、ケガを防止する
- 痛みが少しでも軽減し、生活を楽しめる
- 外出好きなので、1日1回は外出したい

糖尿病

第2表 長期目標

糖尿病性腎症
- 主治医から指示された摂取カロリーを守れる
- 1日○○○mlの水分制限を守れる
- 透析を受けながら自分らしい生活ができる

> 疾患の特性も考えた目標設定を具体的な数値を用いて行うとよい

糖尿病性網膜症
- ケガや転倒を防ぐ
- 身の回りのことが自分でできる
- 1kmほど離れた友だちの家に自力で行ける

糖尿病性神経障害
- 熱傷やケガを防ぐ
- 自力で車椅子への移乗、移動ができる
- 車椅子で安全に外出できる
- 足の健康を保つ

第2表 短期目標

糖尿病性腎症
- お菓子などは家に置かない
- ゆっくり食べる習慣をつける
- 毎食一つ、本人の好きなものをメニューに加える
- 水が飲みたいとき、2回に1回は氷をなめる習慣をつける
- お酒が飲める日を決め、少量でも楽しめるようにする

糖尿病性網膜症
- 部屋の中や廊下を整頓する
- 転倒や症状悪化時の医療者との緊急連絡網を確立する
- 生活用品、リモコンなどの定位置を決める
- 週3回、散歩に出られるようにする
- 好きな音楽を楽しめる

糖尿病性神経障害
- 見守りで調理が行える
- 使い捨てカイロによる低温やけどを防ぐ
- 1日1回足の状態を観察できる
- 痛みに対する治療ができる

Part.2 ケアプランの書き方・文例

Case5 大腿骨頸部骨折

- その人の生活に沿った目標を記入し、意欲の向上と ADL 拡大につなげる
- 骨粗鬆症では反対側骨折も多いので、転倒骨折予防は必ず明記

第1表

第1表	居宅サービス計画書（1）	作成年月日 20○○年 ○月 ○日

初回 ・ 紹介 ・ 継続　　　認定済 ・ 申請中

利用者名　　○村○美　殿　　生年月日 19○○年 ○月 ○日　　住所 ○○県○○市○○台1-2-3
居宅サービス計画作成者氏名　△野△恵（ケアマネジャー）
居宅介護支援事業者・事業所名及び所在地　株式会社○○○○　○○県○○市○○○3-2-1
居宅サービス計画作成（変更）日 20○○年 ○月 ○日　　初回居宅サービス計画作成日 20○○年 ○月 ○日
認定日 20○○年 ○月 ○日　　認定の有効期間 20○○年 ○月 ○日～ 20○○年 ○月 ○日

要介護状態区分	要介護1 ・ 要介護2 ・ 要介護3 ・ 要介護4 ・ 要介護5
利用者及び家族の生活に対する意向	本人「孫の嫁は子育てがあるので、あまり手を煩わせたくない。3世帯住宅でもあるし、食事以外はヘルパーさんに手伝ってもらいながら身の回りのことは自分でして、買い物に出かけられるようにもしたい」 孫の嫁「食事づくりと病院の送り迎えくらいはできますが、子どもの行事があるときはヘルパーさんにお願いしたいです」
介護認定審査会の意見及びサービスの種類の指定	
総合的な援助の方針	・自立した生活ができるよう、身体機能の維持・向上を図ります ・居住空間を整理整頓し、転倒を防ぎます ・夫のお墓参りに月1回行く、身の回りのことは自分でする、買い物に行く、馴染みの人と話すなど、できるだけ以前の生活に近づけられるように支援します ※緊急連絡先：孫の妻携帯番号　○○○-○○○○-○○○○ ※担当医：○○病院○○先生　○○-○○○○-○○○○
生活援助中心型の算定理由	1.一人暮らし　2.家族等が障害、疾病等　3.その他（　　　　　　）

Good!　「旅行」「お花見」「お墓参り」など、具体的な目標設定につながるものを記入すると、本人、家族、介護者が同じ方向を見て介護生活に取り組める。小さな目標でもいいので、本人との会話の中で見つけ出そう

Good!　特に骨粗鬆症がある場合は、骨折した反対側の手足などの骨折防止策は必須

大腿骨頸部骨折 Case5

事例

○村○美さん（86歳）

- 杖歩行（3カ月前に転倒、大腿骨頸部骨折）
- 糖尿病、高血圧症、**骨粗鬆症**で通院中
- 下肢筋力の低下により、自力歩行できない
- 骨折前は毎日近所の商店街に買い物に行き、馴染みの人と会話を楽しんでいた
- 長男の妻、孫夫婦、ひ孫2人と同居。長男の妻は体が弱いため、主たる介護者は30代の孫の妻

第2表

居宅サービス計画書（2）　作成年月日 20○○年 ○月 ○日

利用者名　○村○美

生活全体の解決すべき課題（ニーズ）	目標 長期目標	(期間)	短期目標	(期間)	援助内容 サービス内容	サービス種別	頻度	期間
再び転倒し、反対側を骨折するリスクが高いので、予防する	骨折を防ぐ	○月×日～○月×日	①自宅をバリアフリー化する ②移動時の事故を防ぐ ③全身の筋力の向上	○月×日～○月×日	①段差の解消、手すりの設置 ②移動、移乗時の安全確保 ③理学療法	①住宅改修 ②訪問リハ ③通所リハ	②週1回 ③週2回(月・金)	○月×日～○月×日
以前の生活にできるだけ近づけたい	自力歩行で夫のお墓参りに行く	○月×日～○月×日	杖歩行ができる	○月×日～○月×日	①理学療法士によるリハビリ ②家族のサポートによる自宅でのリハビリ	①通所リハ ②孫の娘が行う		○月×日～○月×日
骨粗鬆症の悪化を防ぐ	骨密度が保たれる	○月×日～○月×日	骨粗鬆症の治療薬を確実に服用する	○月×日～○月×日	服薬介助（確認）		随時	○月×日～○月×日

Good! 何のためにADLを向上させるか記入する

Good! まずは少し頑張ればできそうと希望が持てる目標を設定し、達成したら次の目標を設定というように、こまめに対応すると、自信の獲得、モチベーション向上につながる

う〜ん 家族ができないときの対応法も記入。例：孫の娘が子どもの行事などでできないときは、1週間前に連絡をもらう　など

087

Part.2 ケアプランの書き方・文例

Check!

✓ 現在の機能およびADLと、「こうなりたい」というビジョンが結びつく表現になっている。

✓ 地域連携パスの目標を、総合的な援助の方針などに反映させて記入した。

✓ 骨折を招いた環境、行為などを把握した上で、再骨折予防のケアを記入した。

✓ 住環境に関する援助を記入した。

✓ 骨折の背景にある骨粗鬆症を悪化させないケアも記入した。

第3表

第3表	週間サービス計画表	作成年月日 20○○ 年 ○ 月 ○ 日

利用者名　　○村○美　殿

Good! 通院日が決まっていれば記載しよう

		月	火	水	木	金		主な日常生活上の活動
深夜	4:00							
早朝	6:00							6:00 起床 (4:00頃からラジオ) 新聞、テレビ
	8:00							7:30 ～ 8:00 朝食 テレビ
午前	10:00	通所リハ				通所リハ		9:00 ～ 10:00 第1・3水曜日かかりつけ医通院
	12:00							12:00 ～ 13:00 昼食
午後	14:00				訪問リハ			13:30 ～ 14:00 通所介護のない日は家族が付き添って近所を散歩
	16:00							
	18:00							
夜間	20:00							18:30 ～ 19:30 夕食 20:00 ～ 20:30 入浴
	22:00							21:00 就寝
深夜	24:00							
	2:00							
	4:00							

週単位以外のサービス	

088

文例

第1表 利用者及び家族の生活に対する意向

本人の意向	自立歩行できる	・入院している間に体力が落ちてしまった。リハビリを頑張って友だちと旅行に行けるようになりたいです ・来年の春は自分の足でお花見に行きたい ・股関節の痛みがまだ残っていて、リハビリが思うようにできません。将来寝たきりになったらと思うと怖いです ・腰も痛いので、歩けといわれてもなかなか歩けません。とにかく痛みをとりたい ・また転んで骨折してしまったらと思うと怖い。一人暮らしに自信がなくなりました
	自立歩行できない	・車椅子でも海外旅行に行けるツアーがあるそうなので、体力を回復させて挑戦したいです ・これ以上衰えないようにしながら、毎日家族の顔を見て生活したいです ・杖で歩けるようになりたいです。筋肉をつけるよう、ベッドの上でもできるだけ手足を動かしています
家族の意向	自立歩行できる	・家が狭く、ものが多いので、杖だと転んだりしないか心配です。昼間は特に誰もいなくなりますし…… ・夜眠れないといっていますが、昼寝をしているので当たり前。デイサービスで刺激を与えてほしいです ・家の回りは坂が多いので、杖で歩くのは危ない。でももともと散歩が好きな人だから、出かけさせてあげたいです
	自立歩行できない	・いまからでもリハビリして歩けるようになるなら、そうなってもらいたい ・このまま寝たきりになったら、認知症になってしまうのではと心配。できるだけデイサービスを利用したいです ・あと半年くらいでうちに引き取ることができるので、それまでの間、遠距離介護で一人暮らしを何とか続けさせたい

用語解説

骨粗鬆症
骨がもろく折れやすくなる病気。女性は、閉経による女性ホルモンの低下により50代以降急激に骨密度が低下しやすく、患者数は男性の約3倍に上る。若い頃からの食事や運動の習慣が影響するため、骨の生活習慣病ともいわれる。バランスのとれた食事、適度な運動（ジョギングやウォーキングなど骨に垂直の圧がかかるものがよい）、日光浴（骨の形成にはビタミンDが必要であり、ビタミンDは紫外線により皮膚の中でつくられる）を基本に、薬物療法として、骨粗鬆症治療薬（ビスフォスフォネート製剤）や、女性ホルモンに似た作用のある薬（SERM）、カルシウム製剤などが用いられる。ビスフォスフォネート製剤は、朝空腹時に飲み、30分体を起こしておく必要がある（消化器系副作用の予防のため）。

Part.2 ケアプランの書き方・文例

第1表 総合的な援助の方針

自立歩行できる
- 趣味の旅行ができるように、全身状態と体力が回復するように支援します
- 一番の苦痛である痛みをやわらぎ、リハビリに意欲が持てるように支援します
- 身の回りのことができるようになるよう援助し、自信を持って暮らせるように支援します
- 昼夜逆転を予防し、昼間活動的に過ごせるように支援します

自立歩行できない
- ご本人の回復への意欲を大切に、自力歩行という願いの実現を支援します
- 家族の準備が整うまで、機能向上を促しながら安全に過ごせるよう援助します
- 座位、離床の時間を増やし、誤嚥性肺炎や褥創など全身状態の悪化を防ぐ
- 便意、尿意はしっかりあるので、筋力を回復してご自身でトイレに行けるように支援します

Point! いまは自立歩行できなくても、リハビリや介護の効果で自立歩行が可能になることはあります。医療者の意見も聞き、可能性があればケアプランの中に明記しましょう。ADL拡大の可能性は、本人、家族、介護者にとって強いモチベーションになります。

第2表 生活全体の解決すべき課題（ニーズ）

自立歩行できる
- 骨折前の生活に戻りたい
- 痛みに悩まされることなくリハビリをがんばりたい
- 骨粗鬆症薬の飲み忘れを防ぎたい
- 活動量を増やし、活動範囲を広げたい

自立歩行できない
- 骨粗鬆症の進行防止のためにも外出の機会をつくる必要がある
- 来年は自分で歩いてお花見に行きたい
- 亀背のため逆流性食道炎のために低下している食欲を回復させたい

用語解説

亀背
骨粗鬆症のために背骨が圧迫骨折を起こし、亀の甲羅のように丸く曲がっている状態。円背ともいう。亀背が進むと、呼吸器や消化器を圧迫し、呼吸障害や消化器障害の原因ともなる。消化器障害の代表的なものが逆流性食道炎。

第2表　長期目標

自立歩行できる
- 友人と一泊で温泉に行く
- 杖歩行で1kmほど離れた集会所に行ける
- 痛みから解放され、心穏やかに暮らせる
- 骨粗鬆症薬が進行しない
- 転倒することなく、活動的に生きられる

自立歩行できない
- 車椅子で移動できる
- トイレで排泄できる
- 本人の希望である杖歩行ができる
- 逆流性食道炎の症状を緩和させ、食欲不振を改善する
- 車椅子でも一人暮らしができる
- 家族の生活場所と近い場所で安心して過ごせる

第2表　短期目標

自立歩行できる
- 毎日自宅でリハビリを行う
- 日中の活動量が増える
- 1日1回、日光浴と運動のため散歩する
- 転倒を予防する環境を整える
- 週1回の骨粗鬆症薬を確実に飲める

自立歩行できない
- 1日15分、1日2回の筋トレを行う
- 1日10分の日光浴を習慣にする
- 杖で体を支え、立位ができる
- 食べ物の逆流を防ぐ
- 居間にいる時間を増やす

用語解説

逆流性食道炎
胃液や食べたものが、食道に逆流して炎症を起こす病気。胸焼けや心窩部痛、食欲不振などがみられる。加齢などのために、下部食道括約筋（食道の終点にある括約筋で、胃液などが逆流するのを防ぐ働きを持つ）がゆるむことなどが原因。骨粗鬆症による背骨の圧迫骨折で亀背になると、腹圧がかかるため、さらに胃液が逆流しやすくなる。

Part.2 ケアプランの書き方・文例

Case 6 末期がん

- 医療者との連携が大切なので、医療用語を理解しておく
- QOL（生活の質）向上を重視した記載を心がける

第1表

第1表	居宅サービス計画書（1）	作成年月日 20○○年 ○月 ○日

初回 ・ (紹介) ・ 継続　　(認定済) ・ 申請中

利用者名　○野○朗　殿　　生年月日 19○○年 ○月 ○日　　住所 ○○県○○市○○町1-1
居宅サービス計画作成者氏名　△川△代（ケアマネジャー）
居宅介護支援事業者・事業所名及び所在地　株式会社○○○○　○○県○○市○○○3-3
居宅サービス計画作成（変更）日 20○○年 ○月 ○日　　初回居宅サービス計画作成日 20○○年 ○月 ○日
認定日 20○○年 ○月 ○日　　認定の有効期間 20○○年 ○月 ○日～ 20○○年 ○月 ○日

要介護状態区分	要介護1 ・ 要介護2 ・ 要介護3 ・ (要介護4) ・ 要介護5
利用者及び家族の生活に対する意向	本人「体がだるく、腹水でおなかが張った感じが続いている。病院で寝たきりで過ごすのは嫌なので、住み慣れた家に戻って最期も家で迎えたい」 妻「家だと夜もそばについていてあげられるので安心です。できることはしてあげて満足してもらいたい。できるだけ苦痛がないように過ごさせてあげたいですが、体力にも医療的な管理も自信がないです」
介護認定審査会の意見及びサービスの種類の指定	
総合的な援助の方針	・主治医、訪問看護師と協力し、苦痛少なく穏やかな生活が継続できるように支援します ・感染予防、褥瘡の予防を行い、全身状態が悪化しないよう支援します ・状態が急変したときに迅速に適切な対応ができるよう、連絡の体制を整え、ご家族、主治医、訪問看護師との連絡を密に行います ※緊急連絡先：長男携帯番号　○○○-○○○○-○○○○、長男の妻携帯番号　○○○-○○○○-○○○○ ※担当医：○○クリニック○○先生　○-○○○○-○○○○
生活援助中心型の算定理由	1. 一人暮らし　2. 家族等が障害、疾病等　3. その他（　　）

Good! 他職種との連携についても記載しよう

Good! 医療度の高い順番に悪化の防止策を記入する

092

事例

○野○朗さん（53歳）

- 1年前に**胃がんステージⅢB**と診断、2/3胃切除
- **術後補助化学療法**中に肺炎や尿路感染を繰り返す。**腹膜播種性転移**がわかり、在宅療養に移行
- 中心静脈栄養法（IVH）中。膀胱留置カテーテル留置中。オムツ使用。筋力低下が見られ立位不可
- **腹水**軽度あり。貧血が進み、倦怠感が強い。
- **フェンタニルパッチ**にて疼痛コントロール
- 主たる介護者は妻。他県に住む長男が月1回訪問

第2表

居宅サービス計画書（2）

作成年月日 20○○年 ○月 ○日

利用者名　○野○朗　殿

生活全体の解決すべき課題（ニーズ）	目標				援助内容			
	長期目標	（期間）	短期目標	（期間）	サービス内容	サービス種別	頻度	期間
最期まで自宅で過ごしたい	最期まで自宅で過ごせる	○月×日～○月×日	日常生活を不自由なく送れる	○月×日～○月×日	介護ベッド、車椅子など必要な福祉用具の提供	福祉用具のレンタル及び購入 住宅改修		○月×日～○月×日
なるべく苦痛なく過ごしたい	心身の苦痛なく過ごせる	○月×日～○月×日	①苦痛が取り除かれる ②苦痛のないケアを受けられる	○月×日～○月×日	①緩和ケア ②身体介護	①訪問診療 訪問介護 ②訪問介護	1週1回 1週6回	○月×日～○月×日
お風呂に入りたい	清潔を保ち、リラックスできる	○月×日～○月×日	清拭だけではなく入浴ができる	○月×日～○月×日	訪問入浴を行う	訪問入浴介護	週2回	○月×日～○月×日
家族にあまり大きな負担はかけたくない	家族が最期まで介護を全うできる	○月×日～○月×日	家族が介護で困らない	○月×日～○月×日	日常生活の評価・指導、傾聴	訪問介護	週6回	○月×日～○月×日

Good! 末期がんは一般的に介護期間が短いので重要な課題は漏れなく記入する

Good! 読みやすいように、目標ごとに揃えて書く。ただし、読みやすさを優先して必要な情報を削っては本末転倒。バランスが大切

Part.2 ケアプランの書き方・文例

Check!

- ✔ 苦痛の緩和に十分配慮したケアを記入した。
- ✔ 末期がんの病態、医療処置に配慮したケアを記入した。
- ✔ 担当医や訪問看護ステーションとの連携について記入した。
- ✔ 今後必要となると予測されるケアについて、必要なときにすぐ行えるよう記入した。
- ✔ 家族の満足にもつながるケアを記入した。

第3表

| 第3表 | | | | | | | | 週間サービス計画表 作成年月日 20○○年 ○月 ○日 |

利用者名 　○野○朗　殿

		月	火	水	木	金	土	日	主な日常生活上の活動
深夜	4:00								
早朝	6:00								
午前	8:00								7:00 起床　新聞、テレビ 7:30 ～ 8:00 朝食 着替え、清拭など
	10:00	訪問介護	訪問介護	訪問介護	訪問介護	訪問介護	訪問介護		
午後	12:00								12:00 ～ 13:00 昼食 音楽鑑賞、映画（DVD）鑑賞など
	14:00	訪問入浴サービス	訪問看護	訪問看護	訪問看護	訪問入浴サービス	訪問看護		
	16:00								
夜間	18:00								18:30 ～ 19:30 夕食 テレビ、談話
	20:00								
	22:00								
深夜	24:00								23:00 就寝
	2:00								
	4:00								

Good! 趣味や気分転換についても決まったものがあれば記載しよう

週単位以外のサービス	

末期がん

文例

第1表 利用者及び家族の生活に対する意向

本人の意向

食事
- あまりものが食べられないが、晩酌はしたい
- 口の中が乾き、水分の少ないものは食べにくい。好きなアイスクリームを食べるときが幸せです
- 味がよくわからず、食べる楽しみがないのがつらいです

排泄
- トイレ（排泄）はなるべくトイレに座ってしたい
- いつも下痢気味で落ち着かず、おしりも痛い。少しでも楽になる方法があるとよいのですが……
- 便秘のために何日もお通じがないこともある。薬の副作用ということだが、気が滅入ってしまいます

清潔
- 口の中がベタついて気持ちが悪い。冷たい水でうがいをしたあとは気持ちがいいので、自分がしたいときにうがいがしたいです
- 毎日体を拭いてもらっていますが、たまにはゆっくり湯船につかってさっぱりしたいと思っています

その他
- 自宅で家族に囲まれ、後悔のないよう過ごしたいです
- できるだけ普通の生活をしたいので、点滴などは本当は受けたくないです

家族の意向

食事
- 好きなものを食べさせてあげたい。お酒も少しでもいいので飲ませてあげたいです
- 口の渇きと口内炎のため、ますます食欲がなくなって心配。少しでも口から食べられるとよいのですが…

排泄
- 手間がかかってもいいので、できるだけトイレで気持ちよくさせてあげたいです
- 夜間のトイレをヘルパーさんにお願いできると助かります

清潔
- 家族だけで髪を洗うのは難しいので、手伝ってもらえると助かります
- お風呂のあとは本当に気持ちがよさそうなので、最後まで入れてあげたいです
- 自宅のお風呂場は狭く、家族が介助するスペースもないので、訪問入浴サービスを利用したいのですが……

その他
- いまは落ち着いていますが、何かあったときにどうしたらいいか不安です
- これからどうなっていくのか心配です。どのように見守っていけばいいのでしょうか

> **Point!** 末期がんの介護期間は、ほとんどの場合数カ月と短いため、ケアプランもスピード感が必要です。本人や家族の意向が伝わりやすい、明確な表現で書きましょう。

095

Part.2 ケアプランの書き方・文例

第1表 総合的な援助の方針

食事
- 好きなアイスクリームを常備しておくなど、食べる楽しみを失わないように援助します
- 口腔ケア、人工唾液やとろみ剤の利用などで、おいしく食べられるように援助します
- 味覚の変化に対して、医療者（管理栄養士）とも連携し、食事が楽しめるように援助します
- 経管栄養が適切に行えるよう援助します

排泄
- トイレで排泄できるように援助します
- 医療者と連携して下痢の軽減を図るとともに、臀部の皮膚ケアや清潔保持に努めます
- 便秘の苦痛を軽減するために、医療者と連携します
- 人工肛門からの排泄を適切に介助します

清潔
- 清潔を保ち、心地よく過ごせるように援助します
- ゆっくり入浴したいというご希望を叶えるために援助します

その他
- 急変時の連絡体制を整え、ご家族が不安なく介護できるように支援します
- 今後の状態の見通しについて主治医や訪問看護師と情報を共有し、急変時の対応がきちんとできるように体制を整えます
- 急変時は主治医の携帯電話に直接電話します

Point! 家族の多くは、急変時の対応に不安を抱いています。主治医（在宅療養診療所）や訪問看護ステーションとどのような体制を組んでいるか、介護スタッフも理解しておく必要があるので、必ず確認して明記しておきましょう。

第2表　生活全体の解決すべき課題（ニーズ）

食事
- 口の中が乾くので、潤いを保ちたい
- 食事を楽しみたい、おいしく食べたい
- トラブルなく経管栄養を続けたい

> 粘膜に障害が生じやすいことを知っておこう

排泄
- ポータブルトイレを使用し、自力で排泄したい
- 頻回の下痢で肛門痛、臀部びらんを改善したい
- 便秘を改善したい

清潔
- 口腔内の不快感を改善したい
- 動ける間は入浴したい
- ベッド上で洗髪をしたい

その他
- 死への不安を少しでもやわらげたい
- 医療職や介護職とのコミュニケーションを円滑にしたい

第2表　長期目標

食事
- 食べる楽しみがある
- 嘔気嘔吐の誘発を防ぐ
- 口腔内の清潔が保たれる
- 栄養状態が保たれる

排泄
- 気持ちよく排泄できる
- 便通が整い、苦痛なく排泄できる
- 臀部の皮膚の状態を良好に保つ

 Good! 基本的な生活を快適にすることで、苦痛の緩和につなげる

清潔
- 髪の毛の清潔も保たれる
- 排泄後も快適に過ごせる

その他
- 季節や行事が楽しめる
- 家族、医療者、介護スタッフ間の意思疎通が十分に図れる

Part.2 ケアプランの書き方・文例

第1表 短期目標

食事
- むせずにおいしく食べられる
- 家族と食事ができる
- 家族が経管栄養を実施できる

排泄
- 介助によりトイレで排泄できる
- 夜間も安全にトイレに行ける
- 定期的に排便できる

清潔
- 褥瘡ができるのを予防できる
- ベッド上で洗髪できる

その他
- 庭の様子を毎日みられる
- 本人と家族のニーズが医療職や介護職に伝わる

 Point! 末期がんのケアでは、医療職との連携がとりわけ重要です。医療用語が理解できると、ケアプランの記入も適切に行えます。

用語解説

胃がんステージ
胃がんのステージ（病期）は、ⅠA、ⅠB、ⅡA、ⅡB、ⅢA、ⅢB、ⅢC、Ⅳに分けられる。早期がんと呼ばれるものはステージⅠAのみで、それ以外は進行がん。ステージⅢBでは、がんが胃の筋層を超えて大きくなっており、胃の領域リンパ節に転移がみられる。ステージⅣは胃の領域リンパ節以外のリンパ節にも転移があり、がんが全身に広がっていると考えられるため根治術は不可能となる。

術後補助化学療法
再発を防ぐ目的で、手術後に行われるがん薬物療法（抗がん剤治療）。

腹膜播種性転移
腹部の臓器を覆っている腹膜という薄い膜に、種をまいたようにがんのかたまりができること。がんが胃の壁を破って増殖し、腹腔内（腹膜の内側）にがん細胞が散らばったために起こる。

腹水
がん細胞が腹腔内に散らばることにより、がん性腹膜炎という炎症が起こると腹水がたまる。

フェンタニルパッチ
医療用麻薬の貼付型経皮吸収剤。フェンタニルという医療用麻薬が、皮膚から徐々に吸収される。1回の貼付で72時間（3日間）の鎮痛効果が期待できる。がん性疼痛に対して効果があり、経口医療用麻薬に比べて嘔気や便秘などの副作用が少ないため、急速に普及している。貼ってから効果が出るまでには半日ほどかかる。また、皮膚温が上がると吸収率が上がるので、入浴時に貼付部位を温めないよう注意が必要。

Part.3
ケアプランの見直し

本Partでは、ケアプランの見直しについて説明します。ケアプランの見直し前、見直し後を比較しやすいように並べて掲載し、見直した部分を色文字で記載しています。なお、疾患別の事例はPart.2をもとにしており、半年後に少し症状に変化が生じている場合を想定しています。また、見直しポイントをよりわかりやすくするため、「当初のケアプラン」はPart.2のケアプランの内容を一部簡略化しています。

Part.3 ケアプランの見直し

ケアプラン点検を効果的に行うために

自立支援というケアプランの本質を追求

　ケアプランは「自立支援」が目的ですが、しばしば「お世話型」になってしまうことがあり、それでは利用者のためにならず、また、適切な介護保険の給付も妨げられます。そこで、保険者が第三者の目で、ケアマネジャーと一緒にケアプランを点検することにより、ケアプランを「自立支援」に役立つものにします。点検の過程でケアマネジャーにも保険者にも「気づき」が生まれ、地域包括ケアシステムの構築につながることも期待されています。

　保険者は、ケアプラン点検を厚生労働省による『ケアプラン点検支援マニュアル』（以下、マニュアル）に基づいて実施します。なぜ、「指導」ではなく「支援」かというと、「支援」は他者に配慮を持って働きかけることにより、その人自身の力で課題を解決していく力を育むものであり、ケアプランの精神はまさにそこにあるからです。一方、「指導」は、「法令等明確な根拠に基づき実施するもの」と定義され、保険者（市町村）職員の個人的な判断ではできないものです。法令等明確な根拠に基づかない指導は逆効果にもなってしまいます。

自分の考えや意見をしっかり述べ、相手の言葉にも耳を傾ける

　ケアプラン点検では、保険者とケアマネジャーが率直に意見交換し、より質の高いケアプランの作成及びケアマネジメントの実施を追求するという、共通の目的を達成させなければなりません。そのために、マニュアルには、ケアマネジャーを非難するような質問をしないことや、管理者を同席させるときは、ケアマネジャーが自由に意見を述べることが妨げられないように注意するなど、配慮すべきことが明記されています。

　面談は緊張するかもしれませんが、相手の質問に対して自分の考えをしっかり述べましょう。十分に話し合い、そこで得られたものを次のケアプランに生かすことで、ケアマネジャーとして成長することができます。

■ケアプラン点検の流れ

①保険者の事前準備

Ａ・ケアプランの選定
Ｂ・ケアマネジャーへの資料提出依頼

提出資料例：ケアプラン第1表〜第5表

基本情報シート
リ・アセスメント支援シート（自分のアセスメントを振り返るとともに、第2表の「生活全般の解決すべき課題（ニーズ）」が適切か検討）
ケアプラン第1表〜第5表（「リ・アセスメント支援シート」により修正したもの）

②ケアマネジャーの面談準備

Ａ・提出資料の作成
Ｂ・保険者への資料提出

③保険者の面談準備（提出資料の質問事項の整理）

④面談

Ａ・注意事項の確認
Ｂ・面談の実施

面談のルール

保険者とケアマネジャーがお互いに不愉快にならないようにするために、双方が努力する。面談は争う場ではなく、ともに確認する場である

⑤面談後

Ａ・ケアプランの修正と今後への反映
Ｂ・気づきの共有化

「ケアプラン点検面談後報告書」などを利用して、ケアマネジャーと保険者が「点検で気づいたこと」をお互いに報告する

Ａ・点検の整理・分析
Ｂ・課題解決

Part.3 ケアプランの見直し

「状態」各項目・選択欄
それぞれ、該当する状態に○をつける。

「状態」各項目・余白欄
項目ごとにある余白には、特記事項を必要に応じて、記入する。

リ・アセスメント支援シート

利用者名						作成日	
						作成者	

状　態		問題（困りごと）		意向・意見・判断	生活全般の解決すべき課題（ニーズ）			優先順位
					整理前	摺演	整理後	

コミュニケーション	視力	問題無　はっきり見えない　殆ど見えない		利用者	例 ○○で困る。 ○○で困る。（長男代弁）	利用者意向	
	眼鏡	無　有					
	聴力	問題無　はっきり聞こえない　殆ど聞こえない		家族意向	例 ○○で困る。	家族意向	
	補聴器	無　有					
	言語	問題無　問題有				医師・専門職等意見	
	意思伝達	できる　時々できる　困難				CM判断	
	維持・改善の要素、利点	例・人の話しを、よく聞いてあげることができる。・いつも笑顔が絶えない。・自分の気持ちを相手に伝えることができる。・自分の気持ちを表情で伝えることができる。				CMの利用者・意向への	

「状態」各項目「維持・改善の要素、利点」
利用者が楽しみのある幸せな生活を送れるように、利用者の生活を活性化させるような現在の状態に対する利用者や家族の良いところ、優れているところ、魅力的なところを具体的に記入する。

認知と行動	認知障害	自立　時折　中度　重度				利用者意向	
						意向の度合　高　中　低　失　意向の表明　阻	
						家族意向	
						意向の度合　高　中　低　失　意向の表明　阻	
	精神症状	無　妄想　幻覚　せん妄　見当識　無関心				医師・専門職等意見	
						CM判断	
						CMの利用者・家族の意向への働きかけ　実施中　検討中　未検討　不要　対応難度　困難	
						利用者意向	
						意向の度合　高　中　低　失　意向の表明　阻	
						家族意向	
						意向の度合　高　中　低　失　意向の表明　阻	
						医師・専門職等意見	
						CM判断	
						CMの利用者・家族の意向への働きかけ　実施中　検討中　未検討　不要　対応難度　困難	

利用者・家族「問題（困りごと）」

状態欄の項目　　転換（だから）　　　問題（～で困る。）

・「なし」と発言→「なし」と記入
・介護支援専門員が確認していない場合→空欄

＜利用者欄のみ＞
認知症等で利用者が困りごとを表明できない場合は、利用者の立場に立った家族等の発言を記入する。その場合は、文末に代弁した者をカッコ書きにより明記する（例：（長女代弁）。

「利用者意向」・「家族意向」

問題　　　　　転換　　　　　利用者：意向（○○したい。）
（○○で困る）　（だから）　　家族：意向（○○になってほしい。）

・「なし」と発言→「なし」と記入
・介護支援専門員が確認していない場合→空欄

＜利用者欄のみ＞
認知症等で利用者が意向を表明できない場合は、利用者の立場に立った家族等の発言を記入する。その場合は、文末に代弁した者をカッコ書きにより明記する（例：（長女代弁））。

利用者・家族「意向の度合」

「意向の度合」は、該当する度合に○をつける。
・高：利用者の意向が高い場合
・中：利用者の意向がそれほど高くもなく低くもない場合
・低：利用者の意向が低い場合
・失：「利用者意向」欄に「なし」と記入した場合で、利用者が病気や喪失体験などにより本来は「意向」があるはずだが表明ができない場合

利用者・家族「意向の表明」「阻」

「利用者（家族）意向」欄に記入した利用者（家族）の意向が、家族関係や経済状況等諸事情により、利用者（家族）が真の意向を表明することが阻まれ相違してしまっている場合に○をつける。

出典：東京都福祉保健局

ケアプラン点検を効果的に行うために

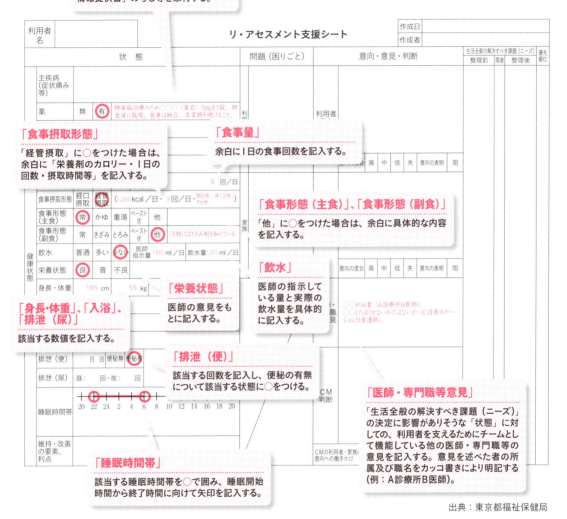

出典：東京都福祉保健局

リ・アセスメント支援シートにはこのほかにも「ADL」や「社会交流」などを記入するシートもあります。詳しくは東京都福祉保健局HP（http://www.fukushihoken.metro.tokyo.jp/kourei/hoken/kaigo_lib/care/guideline.html）を参照ください。

Part.3 ケアプランの見直し

課題整理総括表、評価表を活用しケアプランを見直す

ケアプラン作成の過程や、短期目標の達成度を明確にする

　ケアマネジャーが、なぜそのケアプランを作るに至ったのか、他の職種にはなかなか伝わりにくいこともあります。また、ケアマネジャーとしてのキャリアが浅かったり、医療知識が不足している場合は、適切なケアプランを作れないことがあるのも事実です。そのため、「利用者像や課題に応じた適切なアセスメント（課題把握）が必ずしも十分でない」「サービス担当者会議における多職種協働が十分に機能していない」「ケアマネジメントにおけるモニタリング、評価が必ずしも十分でない」といった指摘があり、課題整理総括表や評価表が導入されました。

　課題整理総括表は、ケアマネジャーの目線で把握した利用者の状態や課題、それによって整理された援助の方向性、各担当者の役割を他の職種と共有するのに役立ちます。評価表は短期目標が、設定した期間内に達成できたかどうかを見るもので、ケアマネジャー自身の振り返りになり、次のケアプランに向け、より良い再アセスメントにつながります。

活用することでケアマネジメントの質が向上

　課題整理総括表も評価表も、その目的は粗探しにあるのではなく、ケアマネジャーのスキルを向上させ、より質の高いケアマネジメントを実現させることにあります。

　課題整理総括表は、ケアプランの原案を作成する前に作ると、情報や自分の考えを整理できるので、ぜひ有効活用しましょう。足りない情報に気づくきっかけにもなります。

　評価表は、短期目標の達成状況などをチーム全体で振り返るために使います。短期目標の終期が近づいたら、実際にケアを提供している事業者から情報を集めて作成しましょう。その際、利用者の生活をもっともよく把握しているヘルパーなどの報告にしっかり耳を傾けることが大切です。

■課題整理総括表

ケアマネジャーが、利用者の状態等を把握し、情報の整理・分析等を通じて課題を導き出した過程について、多職種協働の場面等で説明する際に情報共有を適切に行うためのもの

この過程を自分で把握できると、ケアプランに自信が持てる！

■評価表

ケアプランに位置付けたサービスについて、短期目標に対する達成度合を評価することで、ケアプランの見直しをより効果的に行うためのもの

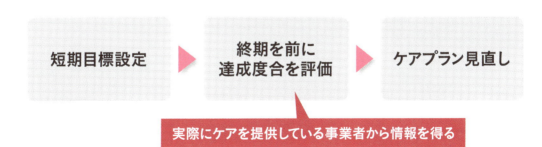

適切なケアプラン見直しが行え、利用者の自立支援が有効に

Part.3 ケアプランの見直し

課題整理総括表

> 住環境や心理的側面などの要因も分析できていますか?

利用者名 _____ 殿　　　　　　　　　　　作成日 ____/____/____

自立した日常生活の阻害要因 (心身の状態、環境等)	①	②	③
	④	⑤	⑥

利用者及び家族の生活に対する意向	自宅生活を継続し、また友人と外出できるようになりたい

状況の事実 ※1		現在 ※2	要因※3	改善/維持の可能性※4
移動	室内移動	自立 (見守り) 一部介助 全介助		(改善) 維持 悪化
	屋外移動	自立 見守り (一部介助) 全介助		(改善) 維持 悪化
食事	食事内容	(支障なし) 支障あり		改善 (維持) 悪化
	食事摂取	(自立) 見守り 一部介助 全介助		改善 (維持) 悪化
	調理	自立 見守り 一部介助 (全介助)		改善 維持 悪化
排泄	排尿・排便	支障なし (支障あり)		改善 維持 悪化
	排泄動作	自立 見守り (一部介助) 全介助		(改善) 維持 悪化
口腔	口腔衛生	支障なし (支障あり)		(改善) 維持 悪化
	口腔ケア	自立 見守り 一部介助 (全介助)		(改善) 維持 悪化
服薬		(自立) 見守り 一部介助 全介助		改善 (維持) 悪化
入浴		自立 見守り 一部介助 (全介助)		(改善) 維持 悪化
更衣		自立 (見守り) 一部介助 全介助		改善 (維持) 悪化
掃除		自立 見守り 一部介助 (全介助)		改善 (維持) 悪化
洗濯		自立 見守り 一部介助 (全介助)		改善 (維持) 悪化
整理・物品の管理		自立 見守り 一部介助 (全介助)		改善 (維持) 悪化
金銭管理		自立 見守り 一部介助 (全介助)		改善 (維持) 悪化
買物		自立 見守り 一部介助 (全介助)		改善 (維持) 悪化
コミュニケーション能力		支障なし (支障あり)		改善 (維持) 悪化
認知		(支障なし) 支障あり		改善 (維持) 悪化
社会との関わり		支障なし (支障あり)		改善 (維持) 悪化
褥瘡・皮膚の問題		(支障なし) 支障あり		(改善) 維持 悪化
問題行動		(支障なし) 支障あり		改善 (維持) 悪化
介護力(家族関係含む)		(支障なし) 支障あり		改善 (維持) 悪化
居住環境		(支障なし) 支障あり		改善 (維持) 悪化

見通し ※5	生活全般の解決すべき課題(ニーズ)【案】	※6
自宅での活動が増えることにより、家でのトイレを自力で利用でき、自宅でのシャワー浴ができるようになる可能性がある。	自宅でトイレや入浴、歯磨きなど身の回りのことは自分でできるようにしたい。	1
動作のアセスメントと用具の活用により、コップに水を汲み歯磨き粉を出す援助があれば、ブラッシングどうしができ、口腔衛生も改善する可能性がある。	友人と近隣の外出ができるようになりたい。	2
認知機能に問題はないので、下肢筋力向上の継続により散歩や近所までの買い物に行けるようになる可能性がある。		

> 動作の視点だけではなく、自宅の洗面所の環境を改善する支援の可能性も検討しましたか?

> 外出の不安の解消の観点はなくていいのでしょうか。外出を実現するための課題は下肢筋力低下だけでしょうか

> 本当に「支障なし」でしょうか。階段が外出不安の原因になっていないでしょうか

※1 本書式は標準様式でありアセスメントツールではないため、必ず別に詳細な情報収集・分析を行うこと。なお「状況の事実」の各項目は課題分析標準項目に準拠しているが、必要に応じて追加していく。
※2 介護支援専門員が収集した客観的事実を記載する。選択肢に○印を記入。
※3 現在の状況が「自立」あるいは「支障なし」以外である場合に、そのような状況をもたらしている要因を、様式下部の「要因」欄から選択し、該当する番号(丸数字)を記入する(複数の番号を記入可)。
※4 今回の認定有効期間における状況の改善・維持・悪化の可能性について、介護支援専門員の判断として選択肢に○印を記入する。
※5 「要因」および「改善/維持の可能性」を踏まえ、要因を解決するための援助内容と、それが提供されることによって見込まれる事後の状況(目標)を記載する。
※6 本計画期間における優先順位を数字で記入する。ただし、解決が必要だが本計画期間に取り上げることが困難な課題には「-」印を記入。

出典:厚生労働省

課題整理総括表、評価表を活用しケアプランを見直す

評価表

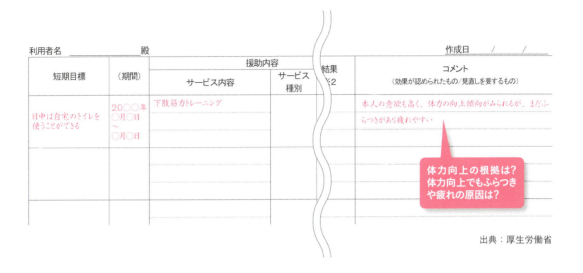

出典：厚生労働省

「混合介護」のルールが整理化される

　介護保険サービスと介護保険外サービスを一体的に提供する「混合介護」は、①介護保険サービスと保険外サービスが明確に区分されていること、②利用者等に対し、あらかじめサービス内容等を説明し、同意を得ていることなど、一定の条件を満たせばサービス提供が認められてきました。ところが、その運用に関する具体的なルールが示されていなかったため、戸惑う現場も多かったようです。

　2017年に公正取引委員会が「混合介護」の弾力化を提案したこともあり、厚生労働省はサービス提供のルールを整理。その中で、訪問介護で混合介護を提供する場合、ケアマネジャーは保険外サービスの情報をケアプラン等に記載することが求められるようになります。

　具体的なルールについて、2018年の夏頃に厚労省から通知が発出される予定です。

> 課題整理総括表は介護職がどのようなニーズを導き出したか、評価表は介護職の目標達成度合を分析するために欠かせないものです。詳しくはWAM NET（ワムネット）の資料を参照ください。

Part.3 ケアプランの見直し

Case1 アルツハイマー型認知症

- 可能な限り本人の意向を探り、それがわかるように書く
- 行動・心理症状がある場合は、その背景にある問題に焦点を当てて書く

第1表　当初のケアプラン

第1表	居宅サービス計画書（1）	作成年月日 20〇〇年　〇月　〇日

初回・紹介・継続　　　認定済・申請中

利用者名　〇本〇子 殿　　生年月日 19〇〇年 〇月 〇日　　住所 〇〇県〇〇市〇〇町11-1
居宅サービス計画作成者氏名　△田△子（ケアマネジャー）
居宅介護支援事業者・事業所名及び所在地　株式会社〇〇〇〇　〇〇県〇〇市〇〇〇3-2-1
居宅サービス計画作成（変更）日 20〇〇年 〇月 〇日　　初回居宅サービス計画作成日 20〇〇年 〇月 〇日
認定日 20〇〇年 〇月 〇日　　認定の有効期間 20〇〇年 〇月 〇日〜 20〇〇年 〇月 〇日

要介護状態区分	要介護1・要介護2・要介護3・要介護4・要介護5
利用者及び家族の生活に対する意向	本人「ここ（自宅）がいい。夫と一緒にここにいる」 夫「自分も高齢で疲れやすく、細かい面倒を見るのがおっくうになるときがあります。長年連れ添ったので家にいてほしいが、これ以上認知症が進むと介護に自信がない
介護認定審査会の意見及びサービスの種類の指定	
総合的な援助の方針	・心身を活性化させるため、メリハリのある生活ができるように支援します ・生活リズムを維持し、できるだけ多くの人との交流が楽しめるようにします ・本人や家族が困ったとき迅速に対応できる体制をつくり、不安なく在宅介護ができるように支援します ※緊急連絡先：夫携帯番号　〇〇〇-〇〇〇〇-〇〇〇〇、長女携帯番号　〇〇〇-〇〇〇〇-〇〇〇〇 ※担当医：〇〇内科〇〇先生　〇〇-〇〇〇〇-〇〇〇〇
生活援助中心型の算定理由	1.一人暮らし　2.家族等が障害、疾病等　3.その他（　　　　　　　）

家族　家族が無理をしすぎていないか、本人への思いや、サービス提供者への遠慮から、本心をいえずにいないかを考えながら聞き取りましょう

アルツハイマー型認知症 Case1

○本○子さん（78歳）

- 映画や観劇が好きで週に数回は外出していた
- 認知症の薬のほか、狭心症の既往、不整脈があり内服治療中
- 82歳夫、週末は近所に住む長女が家事を手伝っている。

夫が外出中は食事をとらず、排泄の拭き残しをそのままに

変わった状況

認知症が進行し、ADL、IADL、認知・コミュニケーション能力が著しく低下。夫が疲弊し体調が悪化している

第1表　見直し後のケアプラン

第1表	居宅サービス計画書（1）	作成年月日20○○年 ○月 ○日

初回　・　紹介　・　**継続**　　　認定済　・　申請中

利用者名　○本○子　殿　　生年月日19○○年　○月　○日　　住所　○○県○○市○○町11-1
居宅サービス計画作成者氏名　△田△子（ケアマネジャー）
居宅介護支援事業者・事業所名及び所在地　株式会社○○○○　○○県○○市○○○3-2-1
供託サービス計画作成（変更）日20○○年　○月　○日　　初回居宅サービス計画作成日20○○年　○月　○日
認定日20○○年　○月　○日　　認定の有効期間20○○年　○月　○日～20○○年　○月　○日

要介護状態区分	要介護1　・　要介護2　・　要介護3　・　**要介護4**　・　要介護5
利用者及び家族の生活に対する意向	夫「サービスを利用して、なんとか施設に入れずにやっていきたいです」 長女「父の体調が心配。施設も仕方がないと思うが、近くで見つけるのは難しいでしょうか」
介護認定審査会の意見及びサービスの種類の指定	**文例** ★健康状態が悪化しないように支援します ★心身に刺激を与え、さらなる機能低下を防ぎます ★施設介護に切り替え、専門的な認知症ケアを提供します
総合的な援助の方針	・在宅介護が続けられるように支援します ・本人と家族が穏やかに暮らせるように支援します ・規則的な生活を維持し、心理状態や体調の安定を図ります ※緊急連絡先：夫携帯番号　○○○-○○○○-○○○○、長女携帯番号　○○○-○○○○-○○○○ ※担当医：○○内科○○先生　○○-○○○○-○○○○
生活援助中心型の算定理由	1. 一人暮らし　**2. 家族等が障害、疾病等**　3. その他（　　　）

109

Part.3 ケアプランの見直し

進行性の疾患の場合は、定期的なモニタリングで変化をチェック

認知症の進行は個人差や環境の違いでさまざまですが、毎日一緒にいる家族が気づきやすい変化と、ある程度距離を持って客観的に見ているサービス提供者が気づきやすい変化とがあります。

モニタリングの際には、小さな変化も心に留め置き、記録しておきましょう。実際に修正プランをつくらなければならないときに役立つ情報があるかもしれません。

第2表 当初のケアプラン

第2表　　　　　　　　　　居宅サービス計画書（2）　　　　作成年月日20○○年 ○ 月 ○日

利用者名　　○本○子　　殿

| 生活全体の解決すべき課題（ニーズ） | 目標 | | | | 援助内容 | | | |
	長期目標	（期間）	短期目標	（期間）	サービス内容	サービス種別	頻度	期間
家族の中で役割を持ち、自宅で自分らしく生きたい	草花の世話など、家庭の中で役割を持ち、いきいきと暮らせる	○月×日～○月×日	育てている草花の水やりを日課にする	○月×日～○月×日	毎朝水やりを促し、習慣化する		毎朝	○月×日～○月×日
外出できないが、閉じこもりきりにはなりたくない	定期的に外出でき、人的交流もできる	○月×日～○月×日	外出の機会、人的交流の機会が増える	○月×日～○月×日	①行動、活動の介助と交流支援②より多くの人との交流支援	①通所介護②地域の認知症カフェへの参加	週3回（火、木、土）週3回（月、水、金）	○月×日～○月×日
規則正しい生活を送り、健康を保ちたい	規則正しい生活で、健康を保てる	○月×日～○月×日	起床時間、就寝時間が整い、3食決まった時間に食事ができる	○月×日～○月×日	日常生活の評価・指導		随時	○月×日～○月×日

アルツハイマー型認知症 Case1

Check!

- ✔ 見直しが必要な部分を、漏れなく記入した。
- ✔ 本人の意向を反映したケアが盛り込まれている。
- ✔ 認知症の症状の変化を把握してプランを書いた。
- ✔ 行動・心理症状に対するケアが十分に書き込まれている。
- ✔ 家族の不安に対応するケアを記入した。

第2表 見直し後のケアプラン

居宅サービス計画書（2）　　作成年月日 20○○年 ○月 ○日

利用者名　○本○子　殿

生活全体の解決すべき課題（ニーズ）	目標				援助内容			
	長期目標	（期間）	短期目標	（期間）	サービス内容	サービス種別	頻度	期間
認知機能やADLが低下しているが、できるだけ自宅で過ごしたい	穏やかな状態で、可能な限り自宅で過ごせる	○月×日～○月×日	ストレスを避け、行動・心理症状がない状態で日常生活を送れる	○月×日～○月×日	①服薬介助 ②家族や他者との穏やかなコミュニケーションを支援する ③規則的な生活で体調を整える	②③通所介護	①随時 ②③週3回（火、木、土）	○月×日～○月×日
活動性が低下し、食べる量も減っているが、できるだけ体調を整えたい	体調をよい状態に保ち、急性増悪を防ぐ	○月×日～○月×日	清潔や栄養状態を保ち、体調よく過ごせる	○月×日～○月×日	定期的な入浴 食べやすい形態の食事を提供、誤嚥の予防 日中を活動的に過ごせるようにする	通所介護	週3回（火、木、土）	○月×日～○月×日
家族の介護負担は増しているが、できれば最後まで家族の手で介護したい	家族が体調を崩すことなく在宅で介護を続けられる	○月×日～○月×日	適切な支援を行い、家族が介護で困らない	○月×日～○月×日	①デイサービスの利用 ②ショートステイの利用 ③家族の困りごとをこまめに聞く	①通所介護 ②短期入所生活介護	①週3回（火、木、土） ②随時 ③随時	○月×日～○月×日

111

Part.3 ケアプランの見直し

Case2 パーキンソン病とレビー小体型認知症を併発

- 幻視、認知等、パーキンソン症状それぞれに目を配って書く
- 家族の負担が重い場合は、家族のケアにも配慮した記述を

第1表 当初のケアプラン

第1表　　　　　　　　　　居宅サービス計画書（1）　　　　　作成年月日20○○年　○月　○日

初回 ・ 紹介 ・ 継続　　　認定済 ・ 申請中

利用者名　　○川○男　殿　　生年月日19○○年　○月　○日　　住所　○○県○○市○○33-3
居宅サービス計画作成者氏名　△野△恵（ケアマネジャー）
居宅介護支援事業者・事業所名及び所在地　株式会社○○○○　　○○県○○
居宅サービス計画作成（変更）日20○○年　○月　○日　　初回居宅サー
認定日20○○年　○月　○日　　認定の有効期間20○○年　○月　○日〜

> ADLが著しく低下した場合、機能回復について本人がどのような気持ちを持っているかを聞き取り、実現可能な目標を設定しましょう

要介護状態区分	要介護1 ・ 要介護2 ・ ㊂要介護3 ・ 要介護4 ・ 要介護5
利用者及び家族の生活に対する意向	本人「知らない人が家にいたり、小人が布団の上で踊っていたり、怖い思いをしているのに家族はわかってくれない。前のように静かに暮らしたいです」 長男「病気のせいというが、よくわからず困っている。これ以上悪くなったら施設も考えたいですが、落ち着いているときは穏やかなので、本人の意思も尊重してしばらくは家での介護を続けたいと思います」
介護認定審査会の意見及びサービスの種類の指定	
総合的な援助の方針	・幻視に適切に対応し、本人と家族が安心して暮らせるようにします ・ご家族が仕事を続けながら在宅介護ができるように支援します ・転倒を予防し、身体機能の低下を防ぎます ・できるだけADLが保てるように支援します ※緊急連絡先：長男携帯番号　○○○-○○○○-○○○○、長男の妻携帯番号　○○○-○○○○-○○○○ ※担当医：○○医院○○先生　○○-○○○○-○○○○
生活援助中心型の算定理由	1.一人暮らし　　2.家族等が障害、疾病等　　3.その他（　　　　　　　　　　　）

> 幻視や妄想などの症状に変化があるかどうかを確認し、目標の達成が難しそうなときは、問題点を探って対応を見直しましょう

112

パーキンソン病とレビー小体型認知症を併発

○川○男さん（76歳）

- 2年前にパーキンソン病と診断、内服治療中
- 小股歩行、体のこわばり、手の震えあり
- 2カ月前より会話中に返答できなくなり、1カ月前より幻視、妄想、誤認があらわれレビー小体型認知症と診断
- 幻想や妄想を否定すると言い争いとなりトラブルも多い。主な介護者は妻。長男家族と同居

変わった状況
転倒にて左大腿骨頸部骨折。車椅子使用となる

第1表　見直し後のケアプラン

第1表	居宅サービス計画書（1）	作成年月日 20○○年 ○月 ○日

初回・紹介・**継続**　　認定済・申請中

利用者名　○川○男　殿　　生年月日 19○○年 ○月 ○日　　住所 ○○県○○市○○33-3

居宅サービス計画作成者氏名　△野△恵（ケアマネジャー）

居宅介護支援事業者・事業所名及び所在地　株式会社○○○○　○○県○○市○○3-2-1

供託サービス計画作成（変更）日 20○○年 ○月 ○日　　初回居宅サービス計画作成日 20○○年 ○月 ○日

認定日 20○○年 ○月 ○日　　認定の有効期間 20○○年 ○月 ○日〜 20○○年 ○月 ○日

要介護状態区分　要介護1・要介護2・要介護3・**要介護4**・要介護5

利用者及び家族の生活に対する意向
- 本人「車椅子でもできるだけ外出したい」
- 長男「本人の意思を尊重したいですが、介護の負担が増えて母の体力が心配です」
- 妻「サービスを受けながら無理をせず介護を続けていきたいです」

介護認定審査会の意見及びサービスの種類の指定

文例
★車椅子で安全に生活できるよう援助します
★ADLの低下を防ぎ、活動的に過ごせるよう援助します
★現在の身体機能が維持できるようにします

総合的な援助の方針
- リハビリを継続し、外出できるように身体機能の低下を防ぎます
- 活動量が低下しないように支援します
- 上肢機能を低下させることなく下肢機能を改善していきます
- 身体機能の低下のためにご病気が悪化するのを防ぎます
※緊急連絡先：長男携帯番号 ○○○-○○○○-○○○○、長男の妻携帯番号 ○○○-○○○○-○○○○
※担当医：○○医院○○先生　○○-○○○○-○○○○

生活援助中心型の算定理由　1.一人暮らし　2.家族等が障害、疾病等　3.その他（　　）

113

Part.3 ケアプランの見直し

安全に生活できることを第一に

　転倒・骨折は、高齢者が寝たきりになる大きな要因です。大きな転倒がなくても、軽微な外力で骨折することもあります。骨粗鬆症がある人では、大腿骨頸部だけでなく、脊椎、肩に近い上腕、手首付近なども骨折の好発部位。どこを骨折するかで機能低下の状況も異なります。モニタリングでは、レビー小体型認知症の幻視や妄想のケアが適切かどうかも確認。改善できる点を見つけてプランに反映させましょう。

第2表　当初のケアプラン

第2表　　　　　居宅サービス計画書（2）　　　作成年月日20○○年 ○月 ○日

利用者名　　　○川○男　殿

生活全体の解決すべき課題（ニーズ）	目標				援助内容			
	長期目標	（期間）	短期目標	（期間）	サービス内容	サービス種別	頻度	期間
幻視に悩まされることなく、落ち着いて生活できる	治療により、心穏やかに暮らせる	○月×日〜○月×日	治療薬をきちんと飲める	○月×日〜○月×日	服薬介助		随時	○月×日〜○月×日
在宅介護を続けられる	ADLを低下させない	○月×日〜○月×日	身体機能の維持	○月×日〜○月×日	身体機能を維持するためのリハビリテーション	通所リハ	週3回（火・木・土）	○月×日〜○月×日
自宅で安全に暮らしたい	転倒を防ぐ	○月×日〜○月×日	自宅をバリアフリー化し、危険を取り除く	○月×日〜○月×日	手すりの設置、段差の解消、お風呂場と玄関にベンチ設置	住宅改修		○月×日〜○月×日

パーキンソン病とレビー小体型認知症を併発

Check!

- ✔ 転倒骨折のリスクをアセスメントした。
- ✔ 安全に生活できるよう十分に検討してプランを書いた。
- ✔ 身体機能向上の可能性があるか検討し、機能回復のケアを積極的に盛り込んだ。
- ✔ 幻視や妄想の状態がどう変化しているか把握し、ケアの改善点を検討した。
- ✔ 家族が病気を理解した上でケアを行っていることを確認した。

第2表 見直し後のケアプラン

第2表　　　　　　　居宅サービス計画書（2）　　作成年月日20○○年 ○月 ○日

利用者名　○川○男　殿

生活全体の解決すべき課題（ニーズ）	目標 長期目標	（期間）	目標 短期目標	（期間）	援助内容 サービス内容	援助内容 サービス種別	頻度	期間
レビー小体型認知症の症状が悪化しない	①レビー小体型認知症の症状が安定している ②幻視や妄想に対して適切なケアができる	○月×日〜○月×日	①服薬介助により治療が継続できる ②症状の変化に適切に対応できる 幻視や妄想に家族が適切に対応できる	○月×日〜○月×日	①健康チェック ※服薬介助は妻 家族に対する指導・支援	①訪問介護 ②訪問看護	①随時 ②週1回（月）	○月×日〜○月×日
車椅子を使って移動が行える	①車椅子で安全に移動できる ②家族以外の人とも楽しく過ごせる	○月×日〜○月×日	①安全に移乗できる ②外出や他者との交流を楽しめる	○月×日〜○月×日	①訪問リハで家族が移乗法を体得できる ②より多くの人と交流する場を提供する	デイサービスセンター□□□	①週1回（火） ②週3回（月、水、金）	○月×日〜○月×日
家族の不安を軽くしたい	不安なく在宅介護が続けられる	○月×日〜○月×日	家族が気軽に相談できる リフレッシュできる時間がある	○月×日〜○月×日				○月×日〜○月×日

115

Part.3 ケアプランの見直し

Case 3 脳卒中後片麻痺

- 介護が長期化しやすい疾患なので、家族支援もきめ細かく
- 残された機能（できること）に焦点を当てて書く

第1表　当初のケアプラン

第1表	居宅サービス計画書（1）	作成年月日 20○○年 ○月 ○日

初回 ・ (紹介) ・ 継続　　(認定済) ・ 申請中

利用者名　　○川○一　殿　　生年月日 19○○年 ○月 ○日　　住所 ○○県○○市○○町6-7
居宅サービス計画作成者氏名　△田△子（ケアマネジャー）
居宅介護支援事業者・事業所名及び所在地　株式会社○○○○　○○県○○市○○○8-9
居宅サービス計画作成（変更）日 20○○年 ○月 ○日　　初回居宅サービス計画作成日 20○○年 ○月 ○日
認定日 20○○年 ○月 ○日　　認定の有効期間 20○○年 ○月 ○日 ～ 20○○年 ○月 ○日

要介護状態区分　　要介護1 ・ 要介護2 ・ (要介護3) ・ 要介護4 ・ 要介護5

利用者及び家族の生活に対する意向	本人「体が思うように動かせないのはもどかしいが、できるだけ自分でできることはして家族に負担をかけずに家で過ごしたいです」「家族と話せなくなりさびしい」 家族「元気だった人が突然寝たきりになって戸惑っています。慣れない介護は不安ですが、高齢でもあるので、自分の家で過ごさせてあげたい」
介護認定審査会の意見及びサービスの種類の指定	
総合的な援助の方針	・誤嚥性肺炎や褥創など、状態を悪化させる要因を防ぎます ・身体機能の低下防止、改善を目指し、離床する時間を増やせるように援助します ・通所リハで嚥下機能を向上を図り、安全においしく食事ができるよう援助します ・家族とコミュニケーションがとれるよう援助します ※緊急連絡先：長男携帯番号　○○○-○○○○-○○○○ ※担当医：○○診療所○○先生　○○-○○○○-○○○○
生活援助中心型の算定理由	1.一人暮らし　2.家族等が障害、疾病等　3.その他（　　　　）

> 本人や家族の意欲が低下していないか、会話などを通じてチェック。意欲低下があればその理由を探り、意欲を持てるようなケアを考えましょう

> 本人の「できている行為」「している行為」が、維持できているかどうかをモニタリングし、状況に応じてプランを見直します

脳卒中後片麻痺 Case 3

○川○一さん（82歳）

- 3カ月前に脳出血で入院、術後2週間で回復期病院に転院
- 1カ月前から在宅療養中。右半身麻痺
- 構音障害（ゆっくり話せば聞き取れる）
- 嚥下能力が低下、誤嚥性肺炎を発症
- 筋力低下があり自力で寝返りが打てない
- 妻、長男夫婦と孫2人と同居、妻が主な介護者

変わった状況
嚥下能力が著しく低下したため、胃ろうを造設。経管栄養となった

第1表　見直し後のケアプラン

居宅サービス計画書（1）

作成年月日 20○○年 ○月 ○日

初回 ・ 紹介 ・ (継続)　　(認定済) ・ 申請中

利用者名	○川○一 殿　生年月日 19○○年 ○月 ○日　住所 ○○県○○市○○町6-7
居宅サービス計画作成者氏名	△田△子（ケアマネジャー）
居宅介護支援事業者・事業所名及び所在地	株式会社○○○○　○○県○○市○○8-9
供託サービス計画作成（変更）日 20○○年 ○月 ○日　初回居宅サービス計画作成日 20○○年 ○月 ○日
認定日 20○○年 ○月 ○日　認定の有効期間 20○○年 ○月 ○日〜 20○○年 ○月 ○日

要介護状態区分	要介護1 ・ 要介護2 ・ 要介護3 ・ (要介護4) ・ 要介護5
利用者及び家族の生活に対する意向	本人「少しでも体が動かせるうちは、できることは自分でしたい」 妻「胃ろうの扱いや経管栄養を早く覚えて、ちゃんとできるようにしたいです」
介護認定審査会の意見及びサービスの種類の指定	
総合的な援助の方針	・栄養状態の低下を防ぎ、体力が維持できるように支援します ・現在のADL、IADLをできるだけ維持できるように支援します ・全身状態を良好に保てるように支援します ※緊急連絡先：長男携帯番号　○○○-○○○○-○○○○ ※担当医：○○診療所○○先生　○○-○○○○-○○○○
生活援助中心型の算定理由	1.一人暮らし　2.家族等が障害、疾病等　3.その他（　　）

文例
★家族が在宅介護を続けられるように援助します
★機能低下を防ぎ、生活に楽しみが持てるように支援します
★生きる意欲を持てるように支援します

117

Part.3 ケアプランの見直し

本人や家族の意欲もモニタリングする

　できていたことができなくなったとき、特に本人は意欲を失いやすいので、いかに意欲が持てる目標を設定できるかが重要になります。家族も介護の負担が増して不安を感じやすい状況になっていることを理解し、十分に話を聞くように心がけましょう。

　状況があまり変わっていないときは見落としが生じやすいので、先入観を持たずにモニタリングすることが求められます。

第2表　　当初のケアプラン

第2表　　　　　　　　**居宅サービス計画書（2）**　　　　作成年月日 20○○年　○月　○日

利用者名　　　○川○一　殿

生活全体の解決すべき課題（ニーズ）	目標				援助内容			
	長期目標	（期間）	短期目標	（期間）	サービス内容	サービス種別	頻度	期間
嚥下機能が低下しているが、食べることが好きなのでおいしく食べたい	①咀しゃく・嚥下がスムーズにできる②誤嚥を予防する	○月×日〜○月×日	①嚥下機能の向上②口腔内の清潔が保てる	○月×日〜○月×日	①嚥下訓練②口腔ケア指導	①②訪問リハ	通所リハ週1回	○月×日〜○月×日
身の回りのことはできるだけ自分でしたい	健側を使って身の回りのことができる	○月×日〜○月×日	洗濯物を自分でたためる	○月×日〜○月×日	手順の指導	訪問介護	週1回	○月×日〜○月×日
家族との会話が楽しめる	スムーズなコミュニケーションができる	○月×日〜○月×日	①構音障害のリハビリが行える②会話ボードを使用して、家族に意思が伝えられる	○月×日〜○月×日	①専門施設への通院②会話ボードの調達と利用の指導	①②訪問リハ	週1回	○月×日〜○月×日

118

Check!

- ✔ 何ができなくなったか、何ができているか、明確に理解してプランを書いた。
- ✔ 目標が本人の意向に沿っているか確認した。
- ✔ 本人や家族の意欲について、言動などをもとに把握している。
- ✔ 達成されていない目標について、再検討して設定し直した。
- ✔ 長期臥床によって起こる問題に見落としがないかチェックした。

第2表 見直し後のケアプラン

第2表　　　　　居宅サービス計画書（2）　　　作成年月日 20○○年 ○月 ○日

利用者名　○川○一　殿

生活全体の解決すべき課題（ニーズ）	目標				援助内容			
	長期目標	（期間）	短期目標	（期間）	サービス内容	サービス種別	頻度	期間
家族が、胃ろうと経管栄養の管理ができる	①家族が胃ろうを管理できる ②家族が経管栄養を問題なく実施できる	○月×日〜○月×日	①胃ろうのトラブルを早期発見できる ②経管栄養がスムーズに行える、適切な時間で注入できる	○月×日〜○月×日	①②経管栄養指導、口腔ケア、排泄介助など。健康チェック	①②訪問介護	週2回（火・木）	○月×日〜○月×日
日中できるだけ起きていたい	日中は居間で過ごせる	○月×日〜○月×日	車椅子で移動できる	○月×日〜○月×日	①離床の介助 ②PT、OTによるリハ	①訪問介護 ②通所リハ	①週3回 ②週3回（火、木、土）	○月×日〜○月×日
③誤嚥性肺炎や褥創のリスクが高い	誤嚥性肺炎を予防する	○月×日〜○月×日	①座位での移動時間を増やす ②口腔内の清潔を保つ	○月×日〜○月×日	①レクリエーションやリハの実施 ②口腔ケア	①通所介護 ②訪問看護		○月×日〜○月×日
	褥創を予防する	○月×日〜○月×日	①褥創ができやすい部位の除圧 ②全身の血行促進	○月×日〜○月×日	①除圧マットの使用 ②結構促進のためのマッサージ	①福祉用具レンタル ②訪問マッサージ	週2回（火、木）	○月×日〜○月×日

Part.3 ケアプランの見直し

Case 4 糖尿病

- 合併症の悪化と、糖尿病の病状を関連づけて見直す
- 制限の多い生活で意欲が低下しないように目標を工夫

第1表　当初のケアプラン

第1表	居宅サービス計画書（1）	作成年月日 20○○年 ○月 ○日

初回・紹介・継続　　認定済・申請中

利用者名　○川○美　殿　　生年月日 19○○年 ○月 ○日　　住所 ○○県○○市○○町109
居宅サービス計画作成者氏名　△野△子（ケアマネジャー）
居宅介護支援事業者・事業所名及び所在地　株式会社○○○○　○○県○○
居宅サービス計画作成（変更）日 20○○年 ○月 ○日　　初回居宅サ
認定日 20○○年 ○月 ○日　　認定の有効期間 20○○年 ○月 ○日～

要介護状態区分	要介護1・要介護2・要介護3・要介護4・要介護5
利用者及び家族の生活に対する意向	本人「このままではどんどん動けなくなる。寝たきりになるのが心配」 娘「糖尿病の食事療法で、食べる楽しみがないのか食事を残しがちです。いつも不機嫌なので会話もありません。認知症になったら私一人で介護は無理です」
介護認定審査会の意見及びサービスの種類の指定	
総合的な援助の方針	・糖尿病の合併症が出現しないように援助し、健康状態の維持・向上を図ります ・食事療法をしながら、食べる楽しみもつくり、低栄養や低血糖を防ぎます ・体を動かす機会を増やし、筋トレも行ってADLの拡大を目指します ・刺激のない生活を改善し、認知症への移行をできるだけ遅らせます ※緊急連絡先：長女携帯番号　○○○-○○○○-○○○○ ※担当医：○○ホームクリニック○○先生　○○-○○○○-○○○○
生活援助中心型の算定理由	1.一人暮らし　2.家族等が障害、疾病等　3.その他（　　　　）

吹き出し：なかなか楽しみが持てないことも多いですが、体調がよくなれば気持ちも変化するので、根気強く支えていこうという意識を持ちましょう

吹き出し：多岐にわたる援助が必要です。何を優先すべきか、糖尿病という病気の特性も考え合わせて検討しましょう

120

糖尿病

事例

○川○美さん（80歳）

- 糖尿病にて20年前よりインスリン療法
- 3カ月前に糖尿病性腎症と診断され、週3回の人工透析を開始
- 1年前にMCIと診断された
- 長女夫婦と3人暮らし。長男は訪ねてこない

変わった状況
視力低下が進み、転びやすくなっている。認知機能も低下

第1表　見直し後のケアプラン

第1表	居宅サービス計画書（1）	作成年月日 20○○年 ○月 ○日

初回 ・ 紹介 ・ **継続**　　**認定済** ・ 申請中

利用者名　○川○美 殿　　生年月日 19○○年 ○月 ○日　　住所 ○○県○○市○○町109

居宅サービス計画作成者氏名　△野△子（ケアマネジャー）

居宅介護支援事業者・事業所名及び所在地　株式会社○○○○　○○県○○市○○○3-2-1

供託サービス計画作成（変更）日 20○○年 ○月 ○日　　初回居宅サービス計画作成日 20○○年 ○月 ○日

認定日 20○○年 ○月 ○日　　認定の有効期間 20○○年 ○月 ○日〜20○○年 ○月 ○日

要介護状態区分	要介護1 ・ 要介護2 ・ **要介護3** ・ 要介護4 ・ 要介護5
利用者及び家族の生活に対する意向	本人「家を離れるのはさみしい、ここで生活したい」（家族より確認） 長女「生活全般に見守りが必要。このままでは私が仕事を辞めるしかないが、できればそれは避けたい」
介護認定審査会の意見及びサービスの種類の指定	
総合的な援助の方針	・健康状態が悪化しないように援助します ・身体の機能低下を防ぎます ・安心して在宅介護が続けられるように援助します ※緊急連絡先：長女携帯番号　○○○-○○○○-○○○○ ※担当医：○○ホームクリニック○○先生　○○-○○○○-○○○○
生活援助中心型の算定理由	1.一人暮らし　2.家族等が障害、疾病等　3.その他（　　）

文例
- ★低栄養、低血糖を防ぐように支援します
- ★ADLの低下をできるだけ防ぐように支援します
- ★行動・心理症状の出現を防ぐように支援します

Part.3 ケアプランの見直し

病状の安定が機能の維持につながる

生活習慣病である2型糖尿病は、背景に長年の生活習慣の乱れ（特に食生活）があり、生活習慣の改善が難しい利用者も少なくありません。家族もあきらめ気味ということもあるでしょう。しかし、できるだけ病状を安定させる

ことが、身体機能の維持につながるので、少しでも生活改善につながるケアを考えるようにします。認知症が併発または悪化した場合は糖尿病の病状悪化にもつながるので、医療機関との連携が必要です。

第2表　当初のケアプラン

第2表		居宅サービス計画書（2）					作成年月日 20○○年　○月　○日		
利用者名　○川○美　殿									
生活全体の解決すべき課題（ニーズ）	目標				援助内容				
	長期目標	（期間）	短期目標	（期間）	サービス内容	サービス種別	頻度	期間
低血糖を防ぐ	低血糖を起こさない	○月×日〜○月×日	食事を残さずに食べられる	○月×日〜○月×日	日常生活の評価・指導	訪問介護	週1回	○月×日〜○月×日
排泄はトイレでしたい	排泄動作が自立する	○月×日〜○月×日	日中はトイレ、夜間はポータブルトイレで排泄する	○月×日〜○月×日	①廊下とトイレに手すりを設置②ポータブルトイレのレンタル	①住宅改修②福祉用具レンタル		○月×日〜○月×日
行動範囲を広げたい	車椅子で外出ができる	○月×日〜○月×日	1日1回庭に出る習慣をつける	○月×日〜○月×日	日常生活の評価・指導		随時	○月×日〜○月×日
もっと頻回にお風呂に入りたい	1日おきに入浴できる	○月×日〜○月×日	家族の介助で日曜日も入浴できる	○月×日〜○月×日	浴槽の交換、浴室に手すりの設置	住宅改修		○月×日〜○月×日
認知症になるのを防ぎたい	認知機能を保つ	○月×日〜○月×日	外出と交流の機会ができる	○月×日〜○月×日	外出、交流支援	通所介護	週3回	○月×日〜○月×日

糖尿病

Check!

- ✔ 規則的な生活につながるケアを記入した。
- ✔ 意欲が持てる目標を設定した。
- ✔ 合併症の進行と糖尿病の重症度について関連性を理解してプランを書いた。
- ✔ 人工透析中の人の生活管理を理解してプランを書いた。
- ✔ 糖尿病性神経障害を持つ人の日常生活における注意点を理解してプランを書いた。

第2表　見直し後のケアプラン

居宅サービス計画書（2）

作成年月日 20○○年 ○月 ○日

利用者名　○川○美　殿

生活全体の解決すべき課題（ニーズ）	長期目標	（期間）	短期目標	（期間）	サービス内容	サービス種別	頻度	期間
低血糖を防ぐ	低血糖を起こさない	○月×日〜○月×日	食事を残さずに食べられる	○月×日〜○月×日	日常生活の評価・指導	訪問看護	週1回（水）	○月×日〜○月×日
排泄はトイレでしたい	トイレで排泄ができる	○月×日〜○月×日	トイレまで歩ける	○月×日〜○月×日	トイレ歩行、排泄の見守り		随時	○月×日〜○月×日
行動範囲を広げたい	車椅子で外出ができる	○月×日〜○月×日	1日1回庭に出られる	○月×日〜○月×日	日常生活の評価・指導		随時	○月×日〜○月×日
認知症の悪化を防ぎたい	認知機能を維持できる	○月×日〜○月×日	活動量や人と交流の機会を維持できる	○月×日〜○月×日	レクリエーションやリハビリ	通所介護	週3回（火・木・土）	○月×日〜○月×日
在宅介護が続けられる	家族が仕事を続けながら介護できる	○月×日〜○月×日	家族がときどき休める	○月×日〜○月×日	介護者の過労を防ぐためのショートステイの利用	短期入所生活介護	月1回	○月×日〜○月×日

Part.3 ケアプランの見直し

Case 5 骨粗鬆症による腰椎圧迫骨折

- 骨折しやすいなど疾患に特有のリスクを理解し、記述にも反映
- 骨粗鬆症の治療について知っておくと、記述に生かせる

第1表　当初のケアプラン

第1表　　　　　　　　　　居宅サービス計画書（1）　　　　　作成年月日20○○年　○月　○日

初回・紹介・継続　　認定済・申請中

利用者名　　○村○美　殿　　生年月日19○○年　○月　○日　　住所　○○県○○市○○台1-2-3
居宅サービス計画作成者氏名　△野△恵（ケアマネジャー）
居宅介護支援事業者・事業所名及び所在地　株式会社○○○○　○○県○○市○○3
居宅サービス計画作成（変更）日20○○年　○月　○日　　初回居宅サービス計画作
認定日20○○年　○月　○日　　認定の有効期間20○○年　○月　○日～20○○年

要介護状態区分	要介護1・要介護2・要介護3・要介護4・要介護5
利用者及び家族の生活に対する意向	本人「ヘルパーさんに手伝ってもらいながら身の回りのことは自分でして、買い物に出かけられるようにもしたいです」 長男「遠方に住んでいるのでなかなか来られません。本人に回復の意欲があるので尊重したいです」
介護認定審査会の意見及びサービスの種類の指定	
総合的な援助の方針	・自立した生活ができるよう、身体機能の維持・向上を図り、杖歩行ができるように支援します ・転倒などしないように、安全に暮らせるように支援します ・糖尿病、高血圧、骨粗鬆症の悪化を防ぎます ※緊急連絡先：長男携帯番号　○○○-○○○○-○○○○ ※担当医：○○整形外科クリニック○○先生　○○-○○○○-○○○○
生活援助中心型の算定理由	1. 一人暮らし　2.家族等が障害、疾病等　3.その他（　　　　）

> 妄想が強くなっていれば、それに応じた機能回復のためのケアを積極的に考えましょう

> 続発骨折や認知症発症のために、自立した生活が難しくなっても、機能維持のための援助は必要です

骨粗鬆症による腰椎圧迫骨折 Case5

○川○子さん（70歳）

- 杖歩行（大腿骨頸部骨折）
- 糖尿病、高血圧症、骨粗鬆症で通院中
- 腰椎圧迫骨折で緊急入院し、手術を行ったが車椅子移動となった
- 1人暮らしで長男は他県に住む

変わった状況
- 杖歩行が可能になり、トイレへ自力で行ける
- 手すりにつかまって段差を越えられるようになった
- 下肢のしびれが軽度残っている

第1表　見直し後のケアプラン

第1表	居宅サービス計画書（1）	作成年月日 20○○年 ○月 ○日

初回・紹介・**継続**　　**認定済**・申請中

利用者名　○村○美 殿　　生年月日 19○○年 ○月 ○日　　住所 ○○県○○市○○台1-2-3
居宅サービス計画作成者氏名　△野△恵（ケアマネジャー）
居宅介護支援事業者・事業所名及び所在地　株式会社○○○○　○○県○○市○○○3-2-1
供託サービス計画作成（変更）日 20○○年 ○月 ○日　　初回居宅サービス計画作成日 20○○年 ○月 ○日
認定日 20○○年 ○月 ○日　　認定の有効期間 20○○年 ○月 ○日〜 20○○年 ○月 ○日

要介護状態区分	**要介護1**・要介護2・要介護3・要介護4・要介護5
利用者及び家族の生活に対する意向	本人「リハビリは大変だったけれど歩けるようになって嬉しい。外出できるようになれば、また友達と会える」 長男「母は頑張っている。一時は心配したが本当によかった。休日は私の車で遠出させてあげたい」
介護認定審査会の意見及びサービスの種類の指定	
総合的な援助の方針	・自力で外出できるという目標を達成できるように支援します ・体力の維持・向上を目指し、栄養面でサポートします ※緊急連絡先：長男携帯番号　○○○-○○○○-○○○○ ※担当医：○○整形外科クリニック○○先生　○○-○○○○-○○○○
生活援助中心型の算定理由	**1.一人暮らし**　2.家族等が障害、疾病等　3.その他（　　　　）

文例
★体調の安定を図れるよう支援します
★本人と家族が穏やかに暮らせるよう支援します
★家族が安心して介護できるように支援します

125

Part.3 ケアプランの見直し

寝たきりを避けるケアを重点的に

骨粗鬆症による骨折のうちでも、大腿骨頸部骨折と腰椎（脊椎）の圧迫骨折は、ADLの低下を招きやすいものです。みるみる寝たきりになってしまうことも多いですが、本人に意欲があればリハビリで機能の維持・向上が望めるこ

とがあります。

生活の自立度が上がると活動量が増え、その分転倒骨折のリスクも上がります。骨粗鬆症のある人は再骨折に注意します。

第2表　当初のケアプラン

第2表　　　　　　　　　居宅サービス計画書（2）　　　作成年月日 20○○年　○月　○日

利用者名　　○村○美　殿

生活全体の解決すべき課題（ニーズ）	目標				援助内容			
	長期目標	（期間）	短期目標	（期間）	サービス内容	サービス種別	頻度	期間
骨折により低下した筋力や歩行機能を回復させたい	①身の回りのことや外出が一人でできる②機能回復に対するモチベーションを維持できる	○月×日〜○月×日	①筋力を維持、向上する買い物に1人で行けるなど、機能の向上が実感できる	○月×日〜○月×日	①PTによりハビリ②OTによるリハビリ	通所リハ	①週2回（月・木）②週2回（月・木）	①月×日〜②月×日
転倒骨折を防ぐ必要がある	①住環境を整え、転倒・骨折のリスクを減らす②骨密度の低下を防ぐ	○月×日〜○月×日	①自室や廊下の整理整頓手すりの設置、段差の解消②骨粗鬆症治療薬の確実な服薬栄養バランスのいい食事が摂れる日光浴ができる	○月×日〜○月×日	①日常生活の評価・指導住宅改修②服薬介助管理栄養士による栄養指導日常生活に評価・指導	訪問介護	週6回（月〜土）	○月×日〜○月×日
栄養をしっかりとり、体力をつけたい	栄養状態が保たれ体力が向上する	○月×日〜○月×日	1日3回、栄養のバランスのとれた食事ができる	○月×日〜○月×日	食事の提供	配食サービス	週7回	○月×日〜○月×日

126

骨粗鬆症による腰椎圧迫骨折

Check!

- ✔ 本人の意欲を把握し、身体機能向上を目指すケアを記入した。
- ✔ 意欲的に取り組める目標が設定できた。
- ✔ 車椅子の操作など、新しいことにチャレンジする可能性を検討した。
- ✔ ADLの低下で認知症が悪化しないよう、活動的に過ごせる環境を整えた。
- ✔ 家族が介護に過剰な不安を抱かずにすむよう、家族のケアも盛り込んだ。

第2表 　見直し後のケアプラン

第2表　　　　　　　　居宅サービス計画書（2）　　　作成年月日20○○年 ○月 ○日

利用者名　　○村○美　殿

生活全体の解決すべき課題（ニーズ）	目標				援助内容			
	長期目標	（期間）	短期目標	（期間）	サービス内容	サービス種別	頻度	期間
自力で外出したい	杖歩行で自由に外出できる	○月×日～○月×日	近所のスーパーまで杖歩行で行ける	○月×日～○月×日	①歩行能力向上支援②自宅での筋トレ指導・評価	①通所リハ	週2回（月・木）	○月×日～○月×日
できる家事を増やしていきたい	1人で家事ができる	○月×日～○月×日	朝食と夕食は自分で作る	○月×日～○月×日	①調理の見守り②昼食の提供	①訪問介護②配食サービス	週7回	○月×日～○月×日
再び骨折するのを防ぎたい	①転倒骨折することなく安全に暮らせる②骨粗鬆症が悪化しない	○月×日～○月×日	①家の中を安全に移動できる②骨粗鬆症の治療が継続できる	○月×日～○月×日	①自宅の整理整頓、転びやすいものの排除②疾病管理と生活指導	①訪問介護②主治医	①週1回（火）②月1回（第3木曜日の午後）	○月×日～○月×日

Part.3 ケアプランの見直し

Case6 末期がん

- 残された時間の充実を念頭に、きめ細かく見直す
- 家族の心も汲み取り、意向を全うできるようにする

第1表 当初のケアプラン

第1表　　　　　　　居宅サービス計画書（1）　　作成年月日 20○○年 ○月 ○日

初回 ・ ㊉紹介㊉ ・ 継続　　　㊉認定済㊉ ・ 申請中

利用者名　　○野○朗　殿　　生年月日 19○○年 ○月 ○日　　住所 ○○県○○市○○町1-1
居宅サービス計画作成者氏名　　△川△代（ケアマネジャー）
居宅介護支援事業者・事業所名及び所在地　　株式会社○○○○
居宅サービス計画作成（変更）日 20○○年 ○月 ○日　　初
認定日 20○○年 ○月 ○日　　認定の有効期間 20○○年 ○月

要介護状態区分　　要介護1 ・ 要介護2 ・ 要介護3 ・ ㊉要介護4㊉ ・ 要介護5

利用者及び家族の生活に対する意向	本人「体がだるく、腹水でおなかが張った感じが続いている。病院で寝たきりで過ごすのは味気ないので、住み慣れた家に戻って最期も家で迎えたい」 妻「家だと夜もそばについていてあげられるので安心です。できることはしてあげて満足してもらいたい。できるだけ苦痛がないように過ごさせてあげたいですが、体力にも医療的な管理も自信がないです」
介護認定審査会の意見及びサービスの種類の指定	
総合的な援助の方針	・主治医、訪問看護師と協力し、苦痛少なく穏やかな生活が継続できるように支援します ・感染予防、褥瘡の予防を行い、全身状態が悪化しないよう支援します ・状態が急変したときに迅速に適切な対応ができるよう、連絡の体制を整え、ご家族、主治医、訪問看護師との連絡を密に行います ※緊急連絡先：長男携帯番号　○○○-○○○○-○○○○、長男の妻携帯番号　○○○-○○○○-○○○○ ※担当医：○○クリニック○○先生　○○-○○○○-○○○○
生活援助中心型の算定理由	1.一人暮らし　　2.家族等が障害、疾病等　　3.その他（　　　　　　　　　　　　　　　　）

本人　衰弱により本人の意向を十分に聞くことができなくなることもあるので、意向が全うできるように、常日頃から本人、家族、サービス提供の間で共有しておきましょう

家族　本人の状態悪化により、家族が不安を募らせることもありますが、サポート体制がしっかりしていれば不安を軽減することが可能です。家族の意向がぶれていないか、注意を払いましょう

128

末期がん

事例

○野○朗さん（53歳）

- 胃がんとなり2/3胃切除
- 術後補助化学療法中に肺炎や尿路感染を繰り返す。腹膜播種性転移がわかり、在宅療養に移行
- 中心静脈栄養法（IVH）中
- 主たる介護者は妻。他県に住む長男が月一回訪問

変わった状況
- 意識障害が出現し始め、傾眠傾向。声掛けには反応する。酸素吸入開始

第1表　見直し後のケアプラン

第1表	居宅サービス計画書（1）	作成年月日 20○○年　○月　○日

初回　・　紹介　・　⦿継続　　⦿認定済　・　申請中

利用者名　○野○朗　殿　　生年月日 19○○年　○月　○日　　住所 ○○県○○市○○町1-1
居宅サービス計画作成者氏名　△川△代（ケアマネジャー）
居宅介護支援事業者・事業所名及び所在地　株式会社○○○○　○○県○○市○○○3-3
供託サービス計画作成（変更）日 20○○年　○月　○日　　初回居宅サービス計画作成日 20○○年　○月　○日
認定日 20○○年　○月　○日　　認定の有効期間 20○○年　○月　○日～20○○年　○月　○日

要介護状態区分	要介護1　・　要介護2　・　要介護3　・　要介護4　・　⦿要介護5
利用者及び家族の生活に対する意向	本人「体が重くだるいため動かせない。じっとしていると体が痛くなる」（家族より確認） 妻「私も疲れてきましたが、本人に苦痛がないようにこのまま家で看取りたい」
介護認定審査会の意見及びサービスの種類の指定	**文例** ★家族と充実した時間が過ごせるように支援します ★昼夜逆転を改善し、日中を有意義に過ごせるよう支援します ★清潔を保ち、快適に過ごせるように支援します
総合的な援助の方針	・苦痛なく過ごせるように支援します ・感染や褥瘡などの防止に努めます ・医師、看護師と連携を図り、急変時に迅速な対応ができるように支援します ※緊急連絡先：長男携帯番号　○○○-○○○○-○○○○、長男の妻携帯番号　○○○-○○○○-○○○○ ※担当医：○○クリニック○○先生　○○-○○○○-○○○○
生活援助中心型の算定理由	1.一人暮らし　2.家族等が障害、疾病等　3.その他（　　　　　　　）

129

Part.3　ケアプランの見直し

今後の見通しを家族や医療スタッフと共有する

　がんがどの部位かにもよりますが、多くの場合は疼痛コントロールのためにフェンタニルパッチなどの医療用麻薬を使用することと、臓器不全の影響により傾眠となっていきます。亡くなるまでにどのような経過をたどるか、サービス提供者がある程度理解しておくと、予測される事態に対応できるプランを立てることができます。見直しを行う場合も、家族や医療スタッフと、今後の見通しや対応について認識を共有しておきましょう。

第2表　当初のケアプラン

第2表　　　　　　　　居宅サービス計画書（2）　　作成年月日 20○○年　○月　○日

利用者名　　　○野○朗　殿

生活全体の解決すべき課題（ニーズ）	目標				援助内容			
	長期目標	（期間）	短期目標	（期間）	サービス内容	サービス種別	頻度	期間
最期まで自宅で過ごしたい	最期まで自宅で過ごせる	○月×日〜○月×日	日常生活を不自由なく送れる	○月×日〜○月×日	介護ベッド、車椅子など必要な福祉用具の提供	福祉用具のレンタル及び購入 住宅改修		○月×日〜○月×日
なるべく苦痛なく過ごしたい	心身の苦痛なく過ごせる	○月×日〜○月×日	①苦痛が取り除かれる ②苦痛のないケアを受けられる	○月×日〜○月×日	①緩和ケア ②身体介護	①訪問診療 訪問介護 ②訪問介護	①週1回 ②週6回	○月×日〜○月×日
お風呂に入りたい	清潔を保ち、リラックスできる	○月×日〜○月×日	清拭だけではなく入浴ができる	○月×日〜○月×日	訪問入浴を行う	訪問入浴介護	週2回	○月×日〜○月×日
家族にあまり大きな負担はかけたくない	家族が最期まで介護を全うできる	○月×日〜○月×日	家族が介護で困らない	○月×日〜○月×日	日常生活の評価・指導、傾聴	訪問介護	週6回	○月×日〜○月×日

Check!

- ✔ 本人が苦痛と感じている物事の中で、介護サービスによって緩和できるものを改めて洗い出し、対策を記入した。
- ✔ 医療スタッフとの間で認識の共有を再確認した。
- ✔ 家族の不安、疑問についてヒアリングを行った。
- ✔ 予測される全身状態の悪化に対応できるプランを記入した。
- ✔ 本人の意向に一致していることを確認した。

第2表 見直し後のケアプラン

居宅サービス計画書（2）　　作成年月日20○○年 ○月 ○日

利用者名　　○野○朗　殿

生活全体の解決すべき課題（ニーズ）	目標				援助内容			
	長期目標	（期間）	短期目標	（期間）	サービス内容	サービス種別	頻度	期間
息苦しいが、できるだけ安楽に過ごしたい	安楽な呼吸が保てる	○月×日〜○月×日	苦しくない対位を保つ	○月×日〜○月×日	①在宅酸素療法 ②体位交換	①訪問診療 ②訪問介護	①週2回（月・木） ②6回（月〜土）	○月×日〜○月×日
体の清潔を保ちたい	在宅療養の継続	○月×日〜○月×日	家族が自宅でケアできる	○月×日〜○月×日	①健康状態のチェック、薬の処方家族への医療的アドバイス ②医師と連携し、在宅酸素療法の管理、疼痛に対するケア、バイタルサインチェックを行う	①訪問診療 ②訪問看護	訪問看護：週2回 ①週6回（月〜土）	○月×日〜○月×日
最後まで自宅で過ごしたい	感染予防ができる	○月×日〜○月×日	陰部や口腔の清潔が保てる	○月×日〜○月×日	オムツ交換、陰部洗浄、口腔ケア	家族 訪問介護	週6回（月〜土）	○月×日〜○月×日
体調が少し良いときは、1日1回車椅子でベランダに出たい	1日1回ベランダで気持ちよく過ごせる	○月×日〜○月×日	ベランダに出たいときに出られる	○月×日〜○月×日	車椅子でのベランダへの移動	家族	随時	○月×日〜○月×日

COLUMN

医療専門職とのコミュニケーション

相手の立場を理解することが第一歩

　多職種協働、多職種連携が重要であることはよくわかっていても、医療専門職とのコミュニケーションに困難を感じているケアマネジャーは多いことでしょう。利用者の生活をベースにケアプランを作成するケアマネジャーに対し、医療専門職は疾患や障害をベースに治療計画や看護計画を立てます。視点が異なるため意見の相違が生まれるのは仕方のないことですが、だからこそ多角的に利用者（患者）を支えることができるのです。

　良好なコミュニケーションのために重要なのは、相手の立場を理解することと、信頼関係を築くことです。まずは、医療専門職の視点が常に「治療」や「看護」にあることを理解し、最低限の医療知識を身につけましょう。わからないことを聞くにしても、一から説明を求めるより、この人は勉強しているなという印象があったほうが好感を持ってもらえます。

地域の多職種連携関連の集まりに参加を

　良好なコミュニケーションのためには「顔の見える関係」が大切です。多職種の医療福祉従事者を対象に行った調査によると、「顔の見える関係」に影響するのは、「名前と顔、考え方がわかる」「施設の理念や事情がわかる」「性格、付き合い方がわかる」「具体的に誰がどのような仕事をしているかだいたいわかる」という項目でした。まず顔と名前を覚えてもらい、こちらの考えていることや事情をわかってもらうことなどが重要ということでしょう。

　有効な対策の一つは、地域の多職種連携関連の集まりに参加することです。そこで名刺を交換し、意見を述べ合い、普段はできない話をすると、案外距離が縮まるもの。立場は違っても、利用者（患者）のQOL（生活の質）の維持・向上という目的は同じということが実感できるとお互いを見る目が変わります。

巻末資料

巻末資料として、ケアマネジャーが記載する必要があるケアプラン第1〜3表以外の書式について、記載例を紹介しています。加えて、利用者へのヒアリングやケアプランを書く際に知っておきたい医療用語を掲載しています。薬事用語については、作用などをもとに分類し、それぞれ一般名と商品名を記載しています。

巻末資料

■ケアプラン第4表 「サービス担当者会議の要点」の記載例

本人や家族の同意を得て招集した、サービス担当者会議の要点をわかりやすく記載するのが第4表です。ケアプラン第1〜3表と同様に行政の介護保険担当窓口のホームページ等からダウンロードします。サービス担当者会議とは、本人・家族、ケアマネジャー、主治医、関係するサービス事業者などが集まり、ケアプラン第1〜3表を確認し、協議、調整するためのものです。居宅サービス計画案を確定する際、ならびに計画変更の必要性があるときに、ケアマネジャーの判断で開催します。

❶ 医師が不参加でも照会したら医師名と所属を記載する。

❷ 大きなテーマごとに番号をふり、具体的な検討内容を箇条書きに。本人、家族のサービスに対する要望や感想を踏まえて検討を行う。

❸ 検討した項目すべてについて記載。テーマに沿った内容を検討しているかチェック。医師の照会内容も記載する。

❹ テーマごとに結論をまとめる。

❺ 満たされていないニーズとその理由、結論が出なかったものなどを記載。

ケアプラン第4表 「サービス担当者会議の要点」の記載例

利用者名	○山○子	居宅サービス計画 作成者（担当者）氏名	□川□男	
開催日	20○○年○月○日	開催場所	居宅介護支援事業所○○	
		開催時間	16:00 ～ 17:00	
		開催回数	Ⅰ回	

会議出席者 ❶	所属（職種）	氏名	所属（職種）	氏名
	夫	A男	○○医院	W田△介（欠席）
			○○訪問介護ステーション （サービス提供責任者）	S山○男
	ケアサービス○○（相談員）	R田□男	○○工務店	T沢△男

検討した項目 ❷

①エレベータのない団地4階で1人暮らしを続けるための支援について
　A：階段の階段の上り下りの自立
　B：買い物やゴミ出しに困っている
　C：トイレが和式のため、簡易洋式便座を使用中で、掃除に困っている

［開催の目的を、簡潔に記載］

②室内での転倒を防ぐ対策について
　A：手すりがない
　B：床に物が多い

［わかりやすいように番号をふる］

③他者との交流支援について

［欠席者に照会した内容も記載］

検討内容 ❸

①A：現在、階段の上り下りは手すりにつかまりながら何とかできているが、特に下りが不安定で転落の危険があり、本人の希望もあるため、ケアセンター○○での週2回の通所リハビリ（自費）を実施し、OTが自宅でのリハビリを指導
　B：調理は自身で行えるので、階段の上り下りが安定するまで、買い物支援を行う、ゴミ出しは市の高齢者支援事業あり
　C：トイレを洋式にする

②A：早急に手すりを設置
　B：床に置かれている物を片付ける必要がある

③週2回の通所リハビリ、週1回の買い物支援の際のコミュニケーションだけでは不十分なので、地域のサークル活動、認知症カフェでのボランティアなどを勧めてみる

［サービス提供方法や留意点、頻度などを検討］

結論 ❹

①A：○月○日から通所リハビリ利用（ケアサービス○○／週2回）
　B：○月○日から訪問介護利用（○○訪問介護ステーション／週1回）
　C：住宅改修（○○工務店）

②A：住宅改修（○○工務店）
　B：○月○日から訪問介護利用（○○訪問介護ステーション／週1回）

［結論は具体的に書く］

③ケアマネジャーが○月○日までに訪問

残された課題 ❺	ご本人が外出にやや消極的なので意欲を高める支援が必要
次回の開催時期	○月初旬を予定

巻末資料

■ケアプラン第5表　「居宅介護支援経過」の記載例

ケアマネジャーが、本人・家族、各種サービス担当者、医療機関など関係機関とのかかわりの中で把握したこと、判断したことなどを記載します。調整が難航して持ち越したことなども整理して書きます。居宅サービス計画の進行状況と目標の達成度などをモニタリングし、プランの見直しの必要性がないかを常に考えながら記録するようにしましょう。

❶ 最初に、その日の支援内容のポイントのみを簡潔にまとめておくと、後から振り返るときにもわかりやすい。

❷ 本人や家族の訴えなどをできるだけ客観的に記録するためには、相手の言葉をそのまま記載するとよい。その際、「　」をつけて、他の文章とは区別する。

❸ 電話、訪問という手段を明確に書く。訪問の場合は誰が、どこに訪れたのかもわかるようにする。

❹ 紹介者の紹介意図も確認しておく。

❺ 訪問時は、具体的な生活状況を記載する。

136

ケアプラン第5表 「居宅介護支援経過」の記載例

利用者名	○山○子	居宅サービス計画作成者（担当者）氏名	□川□男
年月日	内容		

年月日	内容
○月○日（○）11時 夫○山A男さんが 当事業所を訪問	❶ 主治医のT沢医師の紹介で、妻の○子さんについて相談に訪れた。○子さんに認知症症状がみられ、今後が不安なので介護サービスを利用したいとのことだった ＜A男さんの訴え＞ ❷「最近、妻の様子がおかしい。物忘れがひどく、スーパーでお金の支払いができないこともある。料理の味付けがおかしく、大量に食材を買い込んでどこかにしまいこみ、そのまま腐らせてしまうといったこともあった」 「前は社交的で友だちとよく外出していたが、最近はふさぎ込んで外に出たがらない。理由もなくイライラすることも多い」 「心配なので外出時は付き添い、買い物も私がするようにしているが、私も年なので妻の面倒をみきれるかが不安。T沢先生に相談したら、介護サービスを利用してはどうかといわれた」 ＜対応＞ 介護保険は未申請。翌日午後に、自宅を訪問し○子さんと話をした上で、要介護認定の申請代行をすることにした。また、○子さんの症状について、T沢医師に問い合わせてもよいか確認し承諾を得た
○月○日（○）14時 主治医のT沢医師に 電話	T沢医師より情報提供があった。 ＜情報提供の内容＞ ○子さんは10年ほど前から、高血圧症でT沢医師のもとを受診。血圧のコントロールは良好。心疾患や脳血管疾患の既往歴はなし。 半年ほど前から、同じことを繰り返し聞いたり、窓口でお金をうまく数えられないといったことがあった。最近、それらが頻回になった。HDS-Rは18点で軽度認知症が疑われる。認知症疾患医療センターでの詳しい検査を考えており、近々紹介予定。現在のところ、降圧薬以外の処方はない。 1、2カ月前から、受診時に夫のA男さんが付き添っている。よく世話をしているが、A男さんも高齢であり負担が大きいと思われるので介護サービスの利用を勧めた ❹ ＜対応＞ 翌日訪問し、即日要介護認定の申請を行う予定であることを説明した
○月○日（○）16時 ○山○子さん宅を訪問。 初回面接 （○子さん、A男さんと面接）	介護保険制度や介護サービスの内容、手続きの流れについて説明する。本人、夫から現在の状況や今後の意向などを聞く。要介護認定申請書等を作成し確認してもらった。 ＜○子さん、A男さんの訴え＞ ○子さん「靄がかかったみたいで、頭がすっきりしないときがある。前のように外出しても楽しくない。近所の人に何かいわれているのではないか」 A男さん「外にあまり出なくなってから、ますます気分が塞いだり、イライラするようになったように思う。少しは外に出たほうがよいのではないか」 ○子さん「家のことはきちんとやりたい。買い物は主人（A男さん）任せだが、それ以外の家事はしっかりやっている」 A男さん「食べられないほど買い込むので、買い物は私が行くようにしている。食事作りは妻がやっているが、それとなく見守るようにしている。火の不始末は今のところない。最近、妻の元気がないので、負担を減らすために、2、3日に1回はスーパーで弁当を買って夕飯にしている」 A男さん「最近、自分の時間があまり持てない。今はまだいいが、今後（妻の）症状がひどくなっていったらどうなるのか不安だ。でも、妻の世話はするつもりだ」 ＜アセスメント＞ ❺ 家の中（玄関、居間、台所）はきちんと片付いている。掃除は主にA男さんがやっているとのこと。A男さんは少し疲れているように見えた。面接の様子では、○子さんは認知症があることをほとんど感じさせなかったが、表情は固かった。身体機能は問題なく、身の回りのことはすべて自分自身で行っている。要介護認定を受けることについては、A男さんから話があったらしく、スムーズに受け入れてもらえた ・今のところ、A男さんの助けがありながらも○子さんは家事をこなしていて、それが○子さんの拠り所にもなっている。しかし、家事、特に調理については、早期に支援が必要になる可能性があるため、その方向性を検討しておいたほうがよいと思われる ・○子さんは引きこもり気味になり精神的にも不安定になっている。A男さんのレスパイトのためにも、外に出る機会をつくることも大切だと考える

137

巻末資料

■「情報提供書」の記載例

ダウンロード対応

○×病院

（ ○○ 科）

○○先生 脇付

指定居宅介護支援事業所□□□
介護支援専門員 ○川○男
〒○○○ ○○県○○市○○○丁目○番地
-○○○○ TEL. ○○ - ○○○○ - □□□□
FAX. ○○ - ○○○○ - □□□□
MAIL：*******@**********.or.jp

ケアマネジャーが利用者本人のかかりつけ医に渡すもので、本人の様子をかかりつけ医に伝え、情報を共有するための書式です。多忙な医師が目を通しやすいよう、チェック方式が一般的です。記述欄も長文よりも箇条書きなどにして、必要なことだけを簡潔に書くことが重要です。

ご自宅での状況について（情報提供書）

　平素より大変お世話になり、ありがとうございます。

　このたび入院された　○山○子様（○○年○○月○○日生）につきまして、

ご自宅のご様子をお知らせいたします。大変雑駁な情報で恐縮ですが、先生のお役に立てば幸いです。

今後ともご指導ご教示くださいますようお願いいたします。

20**年**月**日

現在の介護度	要介護　1・2・3・④・5　　要支援　1・2 （認定期間）20○○年　○月　×日 ～ 20○○年　○月　×日	
介護サービス の利用状況	①訪問介護（家族の不在時のみ） ②通所介護（週3回） ③通所リハビリ（週3回）	④ ⑤ ⑥
身体状況	（身長）○○cm　　（体重）○○kg	
歩行（杖や歩行器、車椅子等の使用状況）	（屋外歩行）□自立　　　☑介助があればしている　　□していない （車椅子）　□使っていない　☑主に自分で操作　　　　□主に介助者が操作 （杖・装具）☑使っていない　□屋外で使用　　　　　　□屋内で使用 （具体的な介護の手間と頻度） 車椅子への移動を介助	
食事摂取（箸・スプーンの使用、嚥下状態、食事介助等）	（食事行為）□自立　　　☑一部介助　　□全介助 （栄養状態）☑良好　　　□不良 （具体的な介護の手間と頻度） ・スプーンを使用して食べられるが、途中から疲れてしまうため介助 ・嚥下機能は低下気味だが、食欲はある	
排泄（排尿・排便、オムツ使用など）	□自立　　　□一部介助　　☑オムツ使用 （具体的な介護の手間と頻度） ・1日5回オムツ交換（夜間1回） ・排便は3～4日に1回で、時折摘便	

「情報提供書」の記載例

入浴 （入浴場所、介助内容等）	□自立　　□一部介助　　☑全介助 （具体的な介護の手間と頻度） 通所介護にて入浴介助（週3回）
更衣 （服の選択、介助内容等）	□自立　　☑一部介助　　□全介助 （具体的な介護の手間と頻度） ・上着に手を通すことなどはできるが、ボタンがかけられないので介助 ・ズボンをはく、靴下をはく行為も介助
服薬 （薬の管理、服薬状況等）	□自立　　☑一部介助　　□全介助 （具体的な介護の手間と頻度） 薬と水を用意すれば、自力で服用できる（毎食後に家族が介助）
金銭管理	□自立　　□一部介助　　☑全介助 （具体的な介護の手間と頻度） すべて家族が管理している
認知機能 （認知症、BPSD、その他の精神・神経症状等）	（短期記憶）□問題なし　　☑問題あり （意志決定）☑自立　　□いくらか困難　　□見守りが必要　　□判断できない （意思伝達）□伝えられる　　☑いくらか困難　　□かなり困難　　□伝えられない （周辺症状）☑ない　　□幻視・幻聴　　□妄想　　□昼夜逆転　　□暴言　　□暴行 　　　　　　□介護への抵抗　　□徘徊　　□火の不始末　　□不潔行為　　□異食行動 　　　　　　□性的問題行動　　□その他（　　　　　　　　　　） （具体的な介護の手間と頻度）
日常生活自立度	（障害高齢者の日常生活自立度） □自立　　□J1　　□J2　　□A1　　□A2　　□B1　　☑B2　　□C1　　□C2 （認知症高齢者の日常生活自立度） □自立　　□Ⅰ　　☑Ⅱa　　□Ⅱb　　□Ⅲa　　□Ⅲb　　□Ⅳ　　□M
特記事項	四肢の筋力低下がみられ、さまざまな場面で介助が必要になっていますが、会話は比較的しっかりされており、家族や介護サービス提供者とよく会話しています 家族も在宅介護に意欲的です

139

巻末資料

■「退院・退所情報記録書」の記載例

ダウンロード対応

入院・入所中の利用者の状況（疾病の状態、特別な医療、食事摂取、口腔清潔、移動、洗身、排泄、夜間の状態、認知・精神面、リハビリ等のほか、療養上の留意する事項が網羅されている必要があります

利用者の退院・対処にあたり、ケアマネジャーが病院または施設に赴き、そこの職員と「面談」して「利用者に関する必要な情報」を得た上で、「退院・退所情報記録書」を作成し、ケアプランを作成することで退院・退所加算（300単位／月）を請求できます

退院・退所情報記録書

1．基本情報・現在の状態等　　　　　　　　　　　　記入日：○○○○年○○月○○日

属性	フリガナ		性別	年齢	退院(所)時の要介護度（□ 要区分変更）		
	氏名	○田○江　様	男 ・（女）	85歳	□要支援（　）・要介護（　）　☑申請中　□なし		
入院（所）概要		・入院(所)日：H○年○月○日　　・退院(所)予定日：H○年○月○日					
	入院原因疾患（入所目的等）	右大腿骨頸部骨折					
	入院・入所先	施設名 ○○会 ○○病院		○○○棟		○○○室	
	今後の医学管理	医療機関名：○○クリニック			方法	☑通院　□訪問診療	
①疾患と入院（所）中の状況	現在治療中の疾患	① 高血圧　② 骨粗鬆症　③ 便秘		疾患の状況	＊番号記入	安定（① ③　）　不安定（② ）	
	移動手段	□自立 ☑杖 □歩行器 □車いす □その他（　　　　　　　　　　　　　）					
	排泄方法	☑トイレ □ポータブル □おむつ　カテーテル・パウチ（　　　　　　　）					
	入浴方法	□自立 ☑シャワー浴 □一般浴 □機械浴 □行わず					
	食事形態	☑普通 □経管栄養 □その他（　　　　）				UDF等の食形態区分	
	嚥下機能（むせ）	□なし ☑あり（時々・常に ）	義歯	□ なし ☑あり（部分・総 ）			
	口腔清潔	☑良 □不良 □著しく不良		入院(所)中の使用： □なし ☑あり			
	口腔ケア	☑自立 □一部介助 □全介助					
	睡眠	☑良好 □不良（　　　　　　　）		眠剤使用 □なし □あり			
	認知・精神	□認知機能低下 □せん妄 □徘徊 □焦燥・不穏 □攻撃性 □その他（　　　）					
②受け止め／意向	＜本人＞病気、障害、後遺症等の受け止め方	本人への病名告知　☑あり　□なし					
		「骨がもろくなっているので骨折しやすい。きちんと治療して転ばないようにすることが大切」					
	＜本人＞退院後の生活に関する意向	「1人暮らしが続けられるように、リハビリをしてもっとしっかり歩けるようになりたい」					
	＜家族＞病気、障害、後遺症等の受け止め方	長女「自宅でもリハビリを続けなければ。転ばないようにしないと」					
	＜家族＞退院後の生活に関する意向	長女「本人の気持ちを尊重したい。動けなくなったときは施設入所を考える」					

本人や家族の言葉をそのまま「」で記入しましょう。前向きでない言葉であっても、それが「受け止め／意向」であればそのまま書きます

140

「退院・退所情報記録書」の記載例

2．課題認識のための情報

③退院後に必要な事柄	医療処置の内容	□なし □点滴　□酸素療法　□喀痰吸引　□気管切開　□胃ろう　□経鼻栄養　□経腸栄養 □褥瘡　□尿道カテーテル　□尿路ストーマ　□消化管ストーマ　□痛みコントロール ☑排便コントロール　□自己注射（　　　　）　□その他（　　　　　　　　　　　　　）
	看護の視点	□なし ☑血圧　□水分制限　□食事制限　□食形態　☑嚥下　□口腔ケア　☑清潔ケア □血糖コントロール　□排泄　□皮膚状態　□睡眠　□認知機能・精神面　□服薬指導 □療養上の指導（食事・水分・睡眠・清潔ケア・排泄 などにおける指導）　□ターミナル □その他（　　　　　　　　　　　　　　　　　　　　　　　　　　　　）
	リハビリの視点	□なし ☑本人指導　□家族指導　□関節可動域練習（ストレッチ含む）　☑筋力増強練習　☑バランス練 □麻痺・筋緊張改善練習　□起居／立位等基本動作練習　☑摂食・嚥下訓練　□言語訓練 ☑ADL練習（歩行／入浴／トイレ動作／移乗等）　□IADL練習（買い物、調理等） □疼痛管理（痛みコントロール）　☑更生装具・福祉用具等管理　□運動耐容能練習 ☑地域活動支援　□社会参加支援　□その他（　　　　　　　　　　　）
	禁忌事項	（禁忌の有無）　　　　　　　　　　　　　　（禁忌の内容／留意点） ☑なし　□あり

> 「入院原因疾患」についての予後・予測を記入します。この欄を適切に書くためにも、ある程度の医療的な知識を身につけておくことが必要です

症状・病状の予後・予測	右大腿骨頸部骨折の術後の経過は順調だが、骨粗鬆症が進んでいるため、反対側骨折や脊椎圧迫骨折などの可能性がある。再び骨折すればADLの著しい低下が有り得る
退院に際しての日常生活の阻害要因（心身状況・環境等）	例）医療機関からの見立て・意見（今後の見通し、急変の可能性や今後、どんなことが起こりうるか（合併症）、良くなっていく又はゆっくり落ちていく方向なのか　等）について、①疾患と入院中の状況、②本人・家族の受け止めや意向、③退院後に必要な事柄、④その他の観点から必要と思われる事項について記載する。 リハビリが順調に進めば生活の自立は見込めるが、現在は筋力とバランス能力の回復が十分ではないので、転倒・骨折のリスクは低くない
在宅復帰のために整えなければならない要件	自宅のバリアフリー化、自宅で1人暮らしするためのADL練習環境

回目	聞き取り日	情報提供を受けた職種（氏名）	会議出席
1	○年○月○日	○○会○○○病院　○岡○子看護師	無・有
2	年　月　日		無・有
3	年　月　日		無・有

※　課題分析にあたっては、必要に応じて課題整理総括表の活用も考えられる。

> 急変の可能性や、合併症のリスクなどがあれば必ず記載しましょう

141

巻末資料

■「入院時情報提供書」の記載例

ダウンロード対応

記入日：○年 ○月 ○日　**❶**
入院日：○年 ○月 ○日
情報提供日：○年 ○月 ○日

入院時情報提供書

医療機関　←　居宅介護支援事業所

❷ 医療機関名：○○会○○○病院　　　　事業所名：ケアセンター○○○○
ご担当者名：○川○代様　　　　　　　ケアマネジャー氏名：○野○美
　　　　　　　　　　　　　　　　　TEL：○○○○○○○○○　FAX：○○○○○○○○○

利用者(患者)／家族の同意に基づき、利用者情報(身体・生活機能など)の情報を送付します。是非ご活用下さい。

1．利用者(患者)基本情報について

			年齢	85 才	性別	男・（女）
患者氏名	(フリガナ)　○田○江		生年月日	明・大・（昭）	○年 ○月 ○日 生	
住所	〒○○○-○○○○　○○県○○市○○○　○-○-○		電話番号			
住環境 ※可能ならば、「写真」などを添付	住居の種類（戸建て・（集合住宅）　 4 階建て.　居室 3 階.　エレベーター（有・（無））					
	特記事項（　　　　　　　　　　　　　　　　　　　　　　　　　　　　）					
入院時の要介護度	☑要支援（ 2 ）　□要介護（　）　有効期間：○年 ○月 ○日 ～ ○年 ○月 ○日　□申請中(申請日　／　)　□区分変更(申請日　／　)　□未申請					
障害高齢者の日常生活自立度	□自立 ☑J1 □J2 □A1 □A2 □B1 □B2 □C1 □C2			□医師の判断		
認知症高齢者の日常生活自立度	☑自立 □Ⅰ □Ⅱa □Ⅱb □Ⅲa □Ⅲb □Ⅳ □M			☑ケアマネジャーの判断		
介護保険の自己負担割合	☑ 1 割 □不明	障害など認定	☑なし □あり（ 身体・精神・知的 ）			
年金などの種類	☑国民年金 □厚生年金 □障害年金 □生活保護 □その他(　　　　　　　)					

2．家族構成／連絡先について

世帯構成	☑独居 □高齢者世帯 □子と同居 □その他（　　　　　）　＊□日中独居
主介護者氏名	○山○子　(続柄 長女・60 才)　(同居・（別居）)　TEL ○○-○○○○-○○○○
キーパーソン	同上　(続柄　・　才)　連絡先 TEL：○○○○○○○○○　TEL

3．本人／家族の意向について

本人の趣味・興味・関心領域等	読書が好き。特にミステリー小説が好き
本人の生活歴	○歳のときに夫と死別し、長女は結婚して遠方に住んでいるため独居。結婚後はずっと専業主婦だった
❸ 入院前の本人の生活に対する意向	☑同封の居宅サービス計画(1)参照
入院前の家族の生活に対する意向	☑同封の居宅サービス計画(1)参照

「入院時情報提供書」の記載例

3．本人／家族の意向について

本人の趣味・興味・関心領域等	
本人の生活歴	
入院前の本人の生活に対する意向	☑ 同封の居宅サービス計画 (1) 参照
入院前の家族の生活に対する意向	☑ 同封の居宅サービス計画 (1) 参照

4．入院前の介護サービスの利用状況について

入院前の介護サービスの利用状況	同封の書類をご確認ください。 ☑居宅サービス計画書1.2.3表　　□その他（　　　　　　　　　　　）

5．今後の在宅生活の展望について（ケアマネジャーとしての意見）

在宅生活に必要な要件	集合住宅の３階に住んでおり、エレベーターがないため、杖歩行できる状況が望ましい
退院後の世帯状況	☑ 独居　　□ 高齢世帯　　□子と同居（家族構成員数　　　　　　　　名）　＊□ 日中独居 □その他（　　　　　　　　　　　　　　　　　　　　　　　　　　　　　　）
世帯に対する配慮	☑不要 □必要（　　　　　　　　　　　　　　　　　　　　　　　　　　　　　　　）
退院後の主介護者	☑本シート2に同じ　□左記以外（氏名　　　　　　　　　　　続柄　　　・年齢　　　　）
介護力*	□介護力が見込める（　□十分　・　□一部　）　　☑介護力は見込めない　□家族や支援者はいない
家族や同居者等による虐待の疑い*	☑なし □あり（
❹ 特記事項	

6．カンファレンス等について（ケアマネジャーからの希望）

「院内の多職種カンファレンス」への参加	☑ 希望あり
「退院前カンファレンス」への参加	☑ 希望あり　　・具体的な要望（
「退院前訪問指導」を実施する場合の同行	☑ 希望あり

＊＝診療報酬　退院支援加算1．2「退院困難な患者の要因」に関連

❶ 入院後３日以内に医療機関へ提出すれば「加算I」（200単位／月）、入院後４日〜７日以内に提出すれば「加算II」（100単位／月）が請求できます

❷ メールやFAX、郵送の場合は、先方が受け取ったことを確認し、ケアプランなどに記録します

❸ 居宅サービス計画書を同封すれば、この欄の記載を省くことができます

❹ 退院後に施設入所を希望している場合などは、特記事項にそのことを書きます

巻末資料

■知っておきたい医療用語

あ行	
IADL	Instrumental Activities of Daily Livingの略で、「手段的日常生活動作」と訳される。ADLを応用する必要のある動作で、電話を使用する能力、買い物、食事の準備、家事、洗濯、移送の形式、外出、自分の服薬管理、財産取り扱い能力という8項目の尺度がある
アシドーシス	体内の水素イオン濃度が下がり体液が酸性に傾くこと。重症になると意識障害に至る。呼吸器疾患、糖尿病、腎臓疾患で起こる
アテトーゼ	自分の意思に反して起きる不随意運動。顔面や頸部、手の筋肉に起きる。脳性麻痺や脳卒中後の後遺症でみられる
アルツハイマー型認知症	認知症患者の半数を占め女性の比率が高い。40代からの発症もある。脳の萎縮、脳神経の変化などが見られ認知障害などの症状があらわれる
一過性脳虚血発作（TIA）	脳梗塞の前兆として、血管に小さな血栓が一時的に詰まることにより起こる。症状が数分間、あるいはもっと短い時間で治ることが多いため、見過ごされがち。症状は、片側の手足に力が入らない、顔の片側の弛緩、めまい、頭痛、一瞬言葉が出ない、ろれつが回らないなど
イレウス	腸閉塞のことをいう。腸の手術後や大腸がんなどで腸の一部が狭くなったり塞がれることで、便が貯留し痛みを伴う
胃ろう	主に経口からの栄養摂取が困難な場合、皮膚と胃に人為的に作った瘻孔（穴）。カテーテル（管）を使用し胃ろうから栄養物を流入させる
インスリン	血液中のブドウ糖が、筋肉や細胞でエネルギーに変わるときに必要なホルモン。インスリンの分泌量が減ったり、働きが悪くなったりすると血液中のブドウ糖が利用されず、血糖値が高くなる。インスリンは膵臓のランゲルハンス島という細胞のかたまりの中のβ細胞でつくられる
ウェルニッケ・マン型拘縮（肢位）	脳卒中後の後遺症の片麻痺でみられる拘縮。上肢は肘を屈曲、前腕は回内、下肢は伸展、足は内反尖足位を呈して拘縮する。中枢神経の麻痺が骨格筋に影響して起こる
ウェルニッケ失語（感覚性失語）	脳卒中などの後遺症で起きる言語障害の一つ。言語理解の中枢の障害で起きる。言語理解の障害（言葉の意味がわからない）、復唱障害、読解障害、ジャーゴン（意味の通らないことをいう）など起きる
ADL	Activities of Daily Livingの略で、「日常生活動作」と訳される。食事、排泄、整容、移動、入浴など、日常生活を営む上で普通に行っている行為のこと。日本リハビリテーション医学会は、「一人の人間が独立して生活するために行う基本的な、しかも各人ともに共通に毎日繰り返される一連の身体的動作群」と定義
オリーブ橋小脳萎縮症	小脳が萎縮し運動失調が起きる疾患。脊髄小脳変性症ではもっとも多い病型。自律神経失調の症状やパーキンソン病のような症状も。運動失調の進行を抑えるためリハビリを行う

か行	
喀痰吸引器	本人が自力で喀出できない痰などの気道や口腔内分泌物を、取り除くための装置。カテーテルを接続して使用する。気管切開をしている人に対しては、24時間一定の低圧で持続的に吸引する自動喀痰吸引器を用いることもある
カニューレ	意識障害、腫瘍などで気管が閉塞したとき、気管切開をして装着するものを気管カニューレという。また酸素吸入のため鼻腔に装着するものを酸素（経鼻）カニューレという
関節リウマチ	自己免疫性疾患の一つ。免疫機構が誤って自分自身を攻撃し全身の関節に炎症を起こす。女性に多いといわれる。朝のこわばり、関節の腫れ、痛みのためADLの低下をきたす
加齢性黄斑変性症	加齢に伴って目の網膜にある黄斑部が変性を起こす疾患。初期症状はゆがんで見える、視野の中心がよく見えないなど。その後病状の悪化とともに眼底出血などにより視力低下や視野異常が進み失明に至る場合もある
ギランバレー症候群	自己免疫疾患の一つ。男性に多い。筋肉を動かす運動神経の障害のため、四肢に力が入らなくなり、しびれも起きる
起立性低血圧	体位変換時、特に臥位や座位から急に立ち上がったときに血圧が下がり、ふらつきやめまい、動悸などの症状が出現。ときには失神などを伴う。重力の関係で血液が頭部から下半身方向へと移動していくため起きる
筋萎縮性側索硬化症（ALS）	筋肉の萎縮と筋力低下をきたす神経変性疾患。極めて進行がはやく、半数ほどが発症後3年から5年で呼吸筋麻痺に至るが人工呼吸器の装着による延命は可能
経管栄養法	脳血管障害や神経疾患などで食事や水分を飲み込むことができなくなった場合（嚥下障害）、チューブで消化管を直接栄養を投与する栄養法。経路の違いで経鼻・胃ろう・腸ろうとに分かれる。口からの食事と同様に、排尿・排便はみられる
血栓溶解療法	脳梗塞の治療法。脳の血管に詰まっている血栓を薬剤で溶かす。「t-PA（組織プラスミノーゲンアクチベータ）」という血栓溶解薬を使用するため、「t-PA療法」ともいう。脳梗塞発症後、4.5時間以内にt-PAを静脈内投与する
ケトン体	脂肪の分解により肝臓で作られ、血液中に出される。体内にケトン体が増加する状態をケトーシス（ケトン症）という。このような状態は血糖を下げるホルモンであるインスリンの欠乏によっても起こる。糖尿病患者で尿ケトン体が陰性なら糖尿病の管理は良好、陽性なら管理状態は不良と判断される
硬膜下血腫	硬膜と脳の間に血液が徐々にたまった状態。比較的軽く頭を打った状態でも、数週間から数カ月後に歩行障害や認知障害などの症状がみられる。高齢者に多くみられる
さ行	
酸素吸入器	空気よりも高濃度の酸素を投与するための器具。酸素吸入は、呼吸機能や肺機能が低下している人に対して、動脈血に含まれる酸素の量（動脈血酸素分圧＝PaO_2）を正常に保つために行う。酸素を吸入する器具は、鼻腔カニューレ、フェイスマスク、より高濃度の酸素を投与するリザーバー付きマスクなどがある

脂質異常症	食べ過ぎや運動不足などが原因で起こる生活習慣病。LDLコレステロール140mg/dl以上、HDLコレステロール40mg/dl未満、中性脂肪150mg/dl以上のうち一つ以上に該当することで診断される。動脈硬化を促進し、脳梗塞、脳出血、心筋梗塞など動脈硬化性疾患を引き起こす危険因子の一つ
失認	左片麻痺の人によくみられる症状。その人から見て左側の空間が認識できなくなる「左半側無視」、体の左半分が認識できない「左半側身体失認」が多く、左片麻痺、左半側無視、左半側身体失認はセットで起こりやすい
失行	運動障害はないのに、まとまった動作や行為ができなくなること。本を順番通りに並べることができなくなるなどの「構成失行」、ライターの使い方はわかっていても、実際に使って見てもらうと机に立てたりする「観念失行・観念運動失行」、服を着ようとしてズボンを腕に通してしまうなどする「着衣失行」が代表的。字が書けない「失書」、起立、歩行、ボタンかけなどができなくなる「肢節運動失行」、顔の筋肉をうまく動かせない「顔面失行」もある
シャイ・ドレーガー症候群	脊髄小脳変性症の1つ。自律神経系の変性を主体とする原因不明の疾患で、起立性低血圧や排尿困難、尿失禁、便秘、発汗異常など自律神経の障害があらわれる
手根管症候群	手関節にある手根管という正中神経が入っているトンネルで、正中神経が何らかの原因で圧迫され第1〜3指に腫れやしびれがあらわれる。悪化した場合は手術を行う
重症筋無力症	自己免疫性疾患。神経伝達物質の異常により神経に指令が伝わらず筋肉を動かしづらくなり体を動かすだけでなく物をかむだけで非常に疲れるという症状が起きる。朝より夕方に症状が強くなる日内変動も特徴
ジギタリス中毒	強心剤の一種であるジギタリスを服用することにより起きる。悪心、嘔吐、下痢など消化器症状、視覚異常、精神症状、不整脈などの症状がある
人工透析	腎不全のため体の中にたまっていく老廃物や、余分な水分を定期的に排出する方法。通院して行う血液透析と、主に在宅で行う腹膜透析がある。糖尿病などの腎不全患者の増加に伴い、在宅自己腹膜灌流法も増加傾向にある
睡眠時無呼吸症候群（SAS）	睡眠中に呼吸停止、低呼吸になること。筋弛緩により舌根部や軟口蓋が下がり気道を閉塞することが原因。脳血管障害・重症心不全等による呼吸中枢の障害で呼吸運動が消失する場合も
CPAP（シーパップ）	鼻に装着したマスクから空気を送りこむことによって、ある一定の圧力を気道にかける方法。睡眠時無呼吸症候群（SAS）の重要な治療法
神経因性膀胱	脊髄損傷や脳梗塞後の麻痺に伴って起きる排尿障害。膀胱に尿が充満したことを脳に伝える自律神経が障害され、排尿が正常に行われない状態
心房細動	不整脈の一種。心房全体が細かく震える。単独では生命の危険はないが血流がよどむことで血栓ができやすく脳梗塞、心筋梗塞の一因ともなる

知っておきたい医療用語

ステロイド薬	体の中の炎症を抑えたり、体の免疫力を抑制する作用のある薬剤。ステロイドホルモン薬ともいう。ステロイドホルモンは、腎臓の上端にある副腎という器官からつくられる副腎皮質ホルモンの一つ。長期に一定量以上を服用している場合、急に使用を中止するとステロイド離脱症候群に注意が必要である
線状体黒質変性症	脊髄小脳変性症の一つ。動作緩慢、小刻み歩行、特に転びやすいなどの姿勢反射障害のパーキンソン症状があらわれるが振戦は比較的少ない
前頭側頭型認知症	代表的なものがピック病。脳の前頭側頭部の萎縮によって起きる。65歳以下の発症が多く、記憶障害よりも性格変化と社交性の消失がみられる
前立腺肥大症	前立腺が肥大して尿道を圧迫することで排尿障害が起こる。尿が出にくい、夜間の頻尿、残尿感などの症状があらわれる。高齢の男性に多い
た行	
帯状疱疹後神経痛	帯状疱疹の発症の後、皮膚症状が治っても痛みが残る状態。高齢者に多く、痛みは数カ月から数年以上続くことも。寝ている間は痛みが軽減する場合が多い
多系統萎縮症	脊髄小脳変性症の中でもっとも多い。小脳症状を主徴とするものはオリーブ橋小脳萎縮症。起自律神経症状を主徴とするものはシャイ・ドレーガー症候群。パーキンソン症状を主徴とするものは線条体黒質変性症と分類される
胆石の症状	胆石の主症状は強い痛み。もっとも多いのは右季肋部痛だが、背中に抜けるような痛み（放散痛）を伴うこともある。人によって、みぞおちやおなか、背中、腰など痛みの出現する場所はさまざまで、痛みの表現も、差し込むような痛み（疝痛）、重苦しい痛み、張った感じなど多様。急性胆のう炎により高熱が出ることもある
腸瘻	腸にカテーテルを通して、栄養分を注入する栄養補給するための瘻孔。経口摂取が困難で胃に障害がある、胃を摘出した場合など胃ろうを通して栄養を補給することができない場合に用いられる
チアノーゼ	心疾患、肺疾患、喘息発作などにより血液中の酸素濃度が低下し、口唇、顔、手足の爪などが暗紫色に変色する状態。生命の危険が生じているという信号でもある
爪白癬	水虫の原因菌である白癬菌が爪の中に入り繁殖した状態。自覚症状はないが爪が厚くなる、色が濁る、変形する等の症状が進行。靴がはきづらい、歩きにくい、厚くなった爪に押されて指が痛くなるなど弊害がでる。60歳以上の4割がかかっているといわれる
開いた質問・閉じた質問	開いた質問（オープンド・クエスチョン）とは「YES／NO」では答えられない聞き方で、閉じた質問（クローズド・クエスチョン）とは「YES／NO」で答えられる聞き方のこと。一般的に相手の心が開きやすいのは開いた質問だが、言語障害の程度に応じて答えやすい閉じた質問をし、会話の心理的負担を減らして少しずつ聞き出すことで心を開いていくことができる

巻末資料

ドレッシング材	傷口を覆うものの総称。傷口の保護、保湿、汚染防止、浸出液の管理、治癒を促す目的で使用。褥瘡治療ではハイドロコロイド・ドレッシング材などが使われる
な行	
認知症の行動・心理症状	認知症には、誰にでも共通してみられる「中核症状」と、さまざまな要因によってあらわれる「行動・心理症状」とがある。以前は問題行動、異常行動、周辺症状と呼ばれていたが、BPSD（Behavioral and Psychological Symptoms of Dementia）という世界共通用語が使われるようになり、さらに最近は日本語で認知症の行動・心理症状とするのが主流となっている
ネフローゼ症候群	多量のタンパクが尿中に出てしまう結果、低タンパク血症が起こり浮腫（むくみ）やコレステロールの上昇などがみられる疾患。薬物治療に加え、減塩食の食事治療が必要
脳梗塞	脳梗塞には、脳の比較的大きな血管が詰まる「アテローム血栓性脳梗塞」、心臓でできた血栓がはがれ、脳まで運ばれて血管を詰まらせる「心原性脳梗塞」のほかに、脳の細い血管が詰まる「ラクナ梗塞」がある。ラクナ梗塞が脳のあちこちで起こることで、認知症が進行することもある
脳血栓	動脈硬化などによって血管内壁の変化が起き、血液が固まってできた凝固物を血栓という。脳に大きい血栓ができて血管を塞ぐと血流の停止した場所の組織が死滅する。この状態を脳梗塞という
脳塞栓	脳血栓とは異なり、脳でできた血栓でなく他の部位から脳動脈へ流入してきた異物（塞栓）によって脳の血管が閉塞した場合を脳塞栓という。心房細動や心筋梗塞などがあると心臓の血管でできた血栓が脳に流入して起こすことがある
は行	
パーキンソン病	神経伝達物質のドーパミンが減少して起こる。振戦、無動、筋固縮、姿勢反射障害が、4大パーキンソン症状。似た症状が別の疾患でも出ることがあり、それらをパーキンソン症候群という
肺気腫	終末細気管支とそれに付随する肺胞が破壊され、異常に拡大してしまった状態。酸素を取り込んで二酸化炭素を排出する、ガス交換の効率が悪化する。呼吸時にゼーゼー、ヒューヒューと音を立てる喘鳴、労作時呼吸困難が生じる。慢性閉塞性肺疾患（COPD）の一病体
パルスオキシメーター	動脈の血液中の酸素量（血中酸素飽和度：SpO_2）を測定する機器。脈拍も表示されるので呼吸器、循環器の状態が測定できる。携帯用もあり老人施設や在宅で使われている
白内障	目の水晶体が加齢に伴い白色や黄白色に濁り、物がかすんだりぼやけて見えたりするようになる状態。80歳以上はほとんど症状があるといわれるが進行には個人差がある

ブローカ失語（運動性失語）	脳卒中後の後遺症で起きる言語中枢の障害。言葉の理解はできても発語の障害が起きる。構音障害や喚語が困難だが、1語～数語程度の発語で会話は可能な場合が多い
ペースメーカー	徐脈性不整脈の治療に用いられる医療機器。心臓を規則正しく動かすために、人工的に電気信号を発信する。内部に電池と制御回路が収まっている。植え込む位置は一般的に左胸部。6～12カ月ごとに作動状況をチェックする
ま行	
マイコプラズマ肺炎	マイコプラズマという微生物によって起きる肺炎。幼年から学童に発症することが多い。老人では肺炎球菌による肺炎が多い
網膜色素変性症	光を感知する網膜の中の色素上皮に異常な色素が沈着し、光の明るさを感じとる細胞が障害を受ける疾患。若いときから発症し主な症状は、夜盲、視野狭窄、視力低下
慢性閉塞性肺疾患（COPD）	息を吐くときに肺から出る空気の量が減少し、慢性的に気道が塞がった状態になる。肺気腫や慢性気管支炎で同じような気道の閉塞が起き、息切れや咳、痰がみられる。大きな原因は喫煙といわれている
や・ら行	
腰部脊柱管狭窄症	腰椎内部の神経が通る脊柱管が狭くなることにより、神経が圧迫されて症状が出現する疾患。しばらく歩くと足のしびれ、痛みが出現し歩行困難になるが休んだり座ったりすると症状がよくなるという間欠性跛行（かんけつせいはこう）が特徴的な症状
ラクナ梗塞	脳の細い血管が詰まる脳梗塞の一種。無痛で症状がない場合も多く発作の心配もないが運動障害や言語障害、麻痺を伴うことがある。放置すると大きな脳梗塞やラクナ梗塞の増（多発性脳梗塞）につながる
緑内障	主に眼圧が高くなることで視神経が障害されて視野が損われ、視力も低下していく病気。放置すると失明に至る
リンパ浮腫	リンパの流れが滞っているために、進行性の浮腫が腕や足にあらわれる。乳がん、子宮がん、卵巣がん、前立腺がん、皮膚がんなどの治療による後遺症の一つ。手術直後に発症することもあれば、10年以上経ってから発症することもある。リンパドレナージや圧迫療法など適切な治療により改善する
老人性肺炎	高齢者の肺炎は口腔内の細菌などが肺に入ることによって起きる場合が多い。特に脳血管性障害を持つ場合に多い。発熱や咳などの症状が出ないときもあるので早期発見に努める必要がある

巻末資料

■知っておきたい薬事用語

● 糖尿病の治療薬

分類		一般名	主な商品名
インスリン分泌促進薬 （分泌を促す）	スルフォニル尿素薬	グリクラジド グリベンクラミド グリメピリド	グリミクロン オイグルコン ダオニール アマリール
	インクレチン関連薬	シタグリプチンリン酸塩水和物 ビルダグリプチン アログリプチン安息香酸塩 リラグルチド エキセナチド	ジャヌビア グラクティブ エクア ネシーナ ビクトーザ バイエッタ
糖類吸収遅延薬 （食後の高血糖を抑える）	αグルコシターゼ阻害薬	アカルボース ボグリボース ミグリトール	グルコバイ ベイスン セイブル
	速効性インスリン分泌薬	ナテグリニド ミチグリニドカルシウム水和物	スターシス ファスティック グルファスト
インスリン抵抗性改善薬 （インスリンの効きをよく する）	ビグアナイド薬	メトホルミン塩酸塩	グリコラン メルビン メデット メトグルコ
		ブホルミン塩酸塩	ジベトス
	チアゾリジン薬	ピオグリタゾン塩酸塩	アクトス

分類		主な商品名
インスリン製剤 （注射薬）	超速効型	ヒューマログ、ノボラピッド、アピドラ
	速効型	ヒューマリンR、ノボリンR
	中間型	ヒューマログN、ヒューマリンN、ノボリンN、イノレットN
	混合型	ヒューマログミックス25、ノボラピッド30ミックス
	持続型	レベミル、ランタス

● 脂質異常症の治療薬

分類		一般名	主な商品名
コレステロールの合成を 妨ぐ	スタチン（HMG-CoA還元酵 素阻害薬）	プラバスタチンナトリウム シンバスタチン フルバスタチンナトリウム アトルバスタチンカルシウム水和物 ピタバスタチンカルシウム ロスバスタチンカルシウム	メバロチン リポバス ローコール リピトール リバロ クレストール

分類		一般名	主な商品名
コレステロールの吸収阻害と吸着を防ぐ	小腸コレステロールトランスポーター阻害薬	エゼチミブ	ゼチーア
	レジン（陰イオン交換樹脂）	コレスチラミンコレスチミド	クエストランコレバイン
コレステロールを排泄	プロブコール	プロブコール	シンレスタールロレルコ
中性脂肪の合成を阻害、分解促進	イコサペント酸（EPA）	イコサペント酸エチル	エパデール
	フィブラート剤	ベザフィブラートフェノフィブラート	ベザトールSRリピディル
	ニコチン酸製剤	ニセリトロールトコフェロールニコチン酸エステル	ペリシットユベラN

● 慢性心不全の治療薬

分類	一般名	主な商品名
アンジオテンシン交換酵素阻害薬	エナラプリルマレイン酸塩リシノプリル	レニベースゼストリル
アンジオテンシンII受容体拮抗薬	カンデサルタンロサルタン	ブロプレスニューロタン
カルシウム拮抗薬	ニフェジピンアムロジピンベシル酸塩ニトレンジピン	アダラートノルバスクバイロテンシン
β遮断薬	カルベジロール	アーチスト
	メトプロロール	セロケン、ロプレソール
利尿剤	フロセミド	ラシックス、オイテンシン
	スピロノラクトン	アルダクトンA

● パーキンソン病の治療薬

分類	一般名	主な商品名
レボドパ製薬	レボドパ・ベンセラジド塩酸塩製剤	マドパー配合錠イーシー・ドパール配合錠
ドーパミンアゴニスト	ブロモクリプチン	パーロデル

巻末資料

● うつ病の治療薬

分類	一般名	主な商品名
選択的セロトニン 再取り込み阻害薬 (SSRI)	フルボキサミン パロキセチン	ルボックス パキシル
セロトニン・ノルアドレナリン 再取り込み阻害薬 (SNRI)	ミルナシプラン	トレドミン
その他の抗うつ薬	ノルトリプチリン アモキサピン	ノリトレン アモキサン

● インフルエンザの治療薬

分類	一般名	主な商品名
内服薬	リン酸オセルタミビル	タミフル
吸入薬	ザナミビル水和物	リレンザ
	ラニナミビルオクタン酸 エステル水和物	イナビル
点滴薬	ペラミビル水和物	ラピアクタ

● 不整脈の治療薬

一般名	主な商品名
塩酸メキシレチン	メキシチール
リン酸ジソピラミド	リスモダンR

● 認知症の治療薬

分類	一般名	主な商品名
AChE阻害薬	ドネペジル塩酸塩	アリセプト
	ガランタミン臭化水素酸塩	レミニール
	リバスチグミン	イクセロンパッチ、リバスタッチパッチ（貼用）
NMDA受容体拮抗薬	メマンチン塩酸塩	メマリー
脳循環代謝改善薬	ニセルゴリン	サアミオン
	イフェンプロジル酒石酸塩	セロクラール
	イブジラスト	ケタス
	塩酸メクロフェノキサート	ルシドリール

知っておきたい薬事用語

● 睡眠薬（ベンゾジアゼピン系睡眠薬）

分類	一般名	主な商品名
超短時間型 （効果が3～4時間）	トリアゾラム	ハルシオン、トリアゾラム、トリアラム、アスコマーナ、カムリトン、ハルラック、ネスゲン
	リルマザホン塩酸塩水和物	塩酸リルマザホン、リスミー
短時間型 （効果が5～6時間）	ブロチゾラム	レンドルミン、レンドルミンD、グッドミン、アムネゾン、ノクスタール、ブロチゾラム、ネストローム
	ロルメタゼパム	ロラメット、エバミール
中時間型 （効果が7～8時間）	エスタゾラム	ユーロジン
	フルニトラゼパム	ビビットエース、サイレース
長時間型 （効果が中時間型以上）	ニトラゼパム	ネルボン、ネルロレン、ベンザリン、ノイクロニック
	フルラゼパム塩酸塩	ベノジール、ダルメート
	クアゼパム	ドラール、クアゼパム

● 睡眠薬（非ベンゾジアゼピン系睡眠薬）

分類	一般名	主な商品名
超短時間型	ゾピクロン	アモバン、ドパリール、メトローム
	ゾルピデム酒石酸塩	マイスリー

● 高血圧の治療薬

分類	一般名	主な商品名
カルシウム拮抗薬	ニフェジピン アムロジピン マニジピン アゼルニジピン ベニジピン エホニジピン	アダラートCR アムロジン カルスロット カルブロック コニール ランデル
ACE阻害薬	カプトプリル キナプリル リシノプリル イミダプリル エナラプリル	カプトリル コナン ゼストリル、ロンゲス タナトリル レニベース
ARB	イルベサルタン オルメサルタン ロサルタン バルサルタン カンデサルタン テルミサルタン	アバプロ オルメテック ニューロタン ディオバン ブロプレス ミカルディス
サイアザイド系利尿薬	ヒドロクロロチアジド トリクロルメチルアジド	ダイクロトライド フルイトラン

153

巻末資料

分類	一般名	主な商品名
ループ利尿薬	フロセミド	ラシックス
抗アルドステロン性利尿薬	スピロノラクトン トリアムテレン	アルダクトンA トリテレン
β遮断薬	ベタキソロール メトプロロール アテノロール アセブトロール セリプロロール プロプラノロール チリソロール ボピンドロール カルテオロール	ケルロング セロケン テノーミン アセタノール セレクトール インデラル セレカル サンドノーム ミケラン
α遮断薬	ドキサゾシン プラゾシン	カルデナリン ミニプレス
合剤	ロサルタンカリウム・ ヒドロクロロチアジド	プレミネント

● 前立腺肥大症の治療薬

分類	一般名	主な商品名
α遮断薬 （前立腺、尿道の筋肉をゆるめ排尿しやすくする）	タムスロシン塩酸塩 シロドシン テラゾシン塩酸塩水和物 ウラピジル プラゾシン塩酸塩	ハルナール ユリーフ バソメット エブランチルカプセル ミニプレス
抗アンドロゲン薬 （男性ホルモン抑制）	クロルマジノン酢酸エステル	ルトラール エフミン プロスタール プロスタールL
5α還元酵素阻害薬 （男性ホルモン生成抑制）	デュタステリド	アボルブ
コリンエステラーゼ 阻害薬（排尿障害）	ジスチグミン臭化物	ウブレチド
副交感神経亢進・膀胱収縮	ベタネコール塩化物	ベサコリン散
膀胱収縮抑制・ 頻尿や尿失禁	オキシブチニン塩酸塩 プロピベリン塩酸塩 酒石酸トルテロジン コハク酸ソリフェナシン	ポラキス バップフォー デトルシトール ベシケア
	イミダフェナシン	ウリトス ステーブラ

154

● 関節リウマチの治療薬

分類	一般名	主な商品名
非ステロイド性 消炎鎮痛剤（NSAIDs）	プロピオン酸化合物 ジクロフェナク インドメタシン アセチルサリチル酸 セレコキシブ	ロキソニン ボルタレン インダシン アスピリン セレコックス
抗リウマチ薬	金チオリンゴ酸ナトリウム オーラノフィン D-ペニシラミン ブシラミン ロベンザリット アクタリット サラゾスルファピリジン	シオゾール リドーラ メタルカプターゼ リマチル カルフェニール オークル サラゾピリン
副腎皮質ステロイド薬	プレドニゾロン	プレドニン
免疫抑制剤	メトトレキサート サイクロフォスファミド アザチオプリン ミゾリビン	リウマトレックス エンドキサン イムラン ブレディニン

● 骨粗鬆症の治療薬

分類	一般名	主な商品名
ビスフォスフォネート製剤	エチドロン酸ニナトリウム リセドロン酸ナトリウム 水和物 アレンドロン酸ナトリウム 水和物	ダイドロネル ベネット、アクトネル ボナロン、フォサマック
活性型ビタミンD3製剤	アルファカルシドール カルシトリオール エルデカルシトール	アルファロール、ワンアルファ ロカルトロール エディロール
ビタミンK2製剤	メナテトレノン	グラケー
選択的エストロゲン受容体調節薬（SERM）	ラロキシフェン	エビスタ
カルシトニン製剤	エルカトニン サケカルシトニン	エルシトニン注射 サーモトニン筋注

巻末資料

● 抗菌薬

分類	一般名	主な商品名
ペニシリン系	アモキシシリン アモキシシリン・クラブラン酸カリウム ペニシリン アンピシリン水和物	サワシリン オーグメンチン ペニシリンG ビクシリン
テトラサイクリン系	ミノサイクリン塩酸塩 オキシテトラサイクリン	ミノマイシン テラマイシン
セフェム系	セフジニル セファクロル セフカペンピボキシル塩酸塩	セフゾン ケフラール フロモックス
ニューキノロン系	レボフロキサシン	クラビット
マクロライド系	エリスロマイシンステアリン酸塩 クラリスロマイシン アジスロマイシン	エリスロシン クラリシッド ジスロマック

● 抗血液凝固薬

分類	一般名	主な商品名
血小板凝集阻害	アルガトロバン	ノバスタン
血栓溶解	アルテプラーゼ ナサルプラーゼ	アクチバシン、グルトパ トロンボリーゼ
血液抗凝固	ヘパリンナトリウム	ヘパリンNa ノボ・ヘパリン
血液凝固因子生成阻害	ワルファリンカリウム	ワーファリン
抗血小板及び血管拡張作用	シロスタゾール ベラプロストナトリウム	プレタール プロサイリン ドルナー
血小板機能抑制	塩酸チクロピジン クロピドグレル硫塩酸 プラスグレル塩酸塩	パナルジン プラビックス エフィエント
フィブリン溶解	ウロキナーゼ	ウロキナーゼ、ウロナーゼ、 アボキナーゼ、カルトキナーゼ
血小板凝集抑制と 血管収縮抑制	塩酸サルポグレラート	アンプラーグ

知っておきたい薬事用語

分類	一般名	主な商品名
Fxa阻害薬（抗凝固薬）	エドキサバントシル酸塩水和物 アピキサバン リバーロキサバン	リクシアナ エリキュース イグザレルト
血小板凝集抑制・ 血小板血栓形成阻止	アスピリン	バファリン

● 狭心症の治療薬

分類	一般名	主な商品名
硝酸薬	一硝酸イソソルビド 硝酸イソソルビド ニトログリセリン	アイトロール ニトロール、フランドル ニトロペン
冠血管拡張薬	ジピリダモール ニコランジル 塩酸ジラゼプ トラピジル	ペルサンチン シグマート コメリアン ロコルナール
カルシウム拮抗薬	ジルチアゼム塩酸塩 ニフェジピン ベニジピン塩酸塩 アムロジピンベシル酸塩 エホニジピン塩酸塩	ヘルベッサー アダラート コニール ノルバスク、アムロジン ランデル
β遮断薬	カルベジロール プロプラノロール塩酸塩 ビソプロロール	アーチスト インデラル メインテート

※ここで挙げている治療薬は一例です。薬事法の改正などで商品名が変更・販売中止になることがあります。また、ジェネリック医薬品（後発医薬品）とは商品名が異なりますので、服薬の際には医療職に注意を仰いでください。

索引

英字

ADL	144
CPAP（シーパップ）	146
IADL	144

あ行

アシドーシス	144
アテトーゼ	144
アルツハイマー型認知症	144
胃がんステージ	098
一過性脳虚血発作（TIA）	144
イレウス	144
胃ろう	144
インスリン	144
インフルエンザの治療薬	152
ウェルニッケ失語（感覚性失語）	144
ウェルニッケ・マン型拘縮（肢位）	144
うつ病の治療薬	152
嚥下障害	024
オリーブ橋小脳萎縮症	144

か行

喀痰吸引器	145
カニューレ	145
加齢性黄斑変性症	145
間欠跛行	036
関節リウマチ	145
〜の治療薬	155
記憶障害	067
亀背	090
逆流性食道炎	091
狭心症の治療薬	157
ギランバレー症候群	145
起立性低血圧	023, 145

筋萎縮性側索硬化症（ALS）	145
経管栄養法	145
血栓溶解療法	145
ケトン体	145
幻視	073
見当識障害	067
構音障害	077
抗菌薬	156
高血圧の治療薬	153
抗血液凝固薬	156
拘縮	079
硬膜下血腫	145
誤嚥性肺炎	077
骨粗鬆症	089
〜の治療薬	155
骨転移	040
誤認	073

さ行

酸素吸入器	145
ジギタリス中毒	146
脂質異常症	146
〜の治療薬	150
自宅で看取る	040
失行	146
失認	146
シャイ・ドレーガー症候群	146
重症筋無力症	146
手根管症候群	146
術後補助化学療法	098
神経因性膀胱	146
人工透析	146
心房細動	146
睡眠時無呼吸症候群（SAS）	146
睡眠薬（非ベンゾジアゼピン系睡眠薬）	153

睡眠薬（ベンゾジアゼピン系睡眠薬）… 153
ステロイド薬 … 147
生活習慣病 … 028
線状体黒質変性症 … 147
前頭側頭型認知症 … 147
前立腺肥大症 … 147
　〜の治療薬 … 154

た行

帯状疱疹後神経痛 … 147
多系統萎縮症 … 147
胆石の症状 … 147
痰の排出 … 040
チアノーゼ … 147
中心静脈栄養法（IVH）… 039
腸瘻 … 147
爪白癬 … 147
低栄養 … 036
糖尿病の合併症 … 031
糖尿病の治療薬 … 150
閉じこもり … 035
ドレッシング材 … 148

な行

尿路感染症 … 066
認知症の行動・心理症状 … 148
認知症の治療薬 … 152
ネフローゼ症候群 … 148
脳血栓 … 148
脳梗塞 … 148
脳塞栓 … 148

は行

パーキンソン病 … 148
　〜の治療薬 … 151

肺気腫 … 148
廃用症候群 … 079
白内障 … 148
パルスオキシメーター … 148
非言語的コミュニケーション … 028
非ステロイド性鎮痛剤（NSAIDs）… 035
開いた質問・閉じた質問 … 147
フェンタニルパッチ … 040, 098
腹水 … 098
腹膜播種性転移 … 098
不整脈の治療薬 … 152
ブローカ失語（運動性失語）… 149
ペースメーカー … 149
膀胱留置カテーテル … 039

ま行

マイコプラズマ肺炎 … 149
慢性心不全の治療薬 … 151
慢性閉塞性肺疾患（COPD）… 149
妄想 … 073
網膜色素変性症 … 149

や行

ヤールの重症度分類 … 023
腰部脊柱管狭窄症 … 149

ら行

ラクナ梗塞 … 149
緑内障 … 149
リンパ浮腫 … 149
レビー小体型認知症 … 071
老人性肺炎 … 149

［著者プロフィール］

ケアプラン研究会

福祉・医療関連をテーマに編集・執筆を行うグループ。福祉・医療関連雑誌の取材、執筆などを中心に手がける。ケアマネジャーを中心に福祉関係者が在籍し、福祉業界をよりよくするために意見を交わしている。

装　丁	原てるみ、大野郁美（mill design studio）
カバーイラスト	江田ななえ　http://nanae.or.tv
本文イラスト	フクモトミホ
執筆協力	天野敦子
編集・DTP	LOOPS Production

現場で使えるケアプラン便利帖＜書き方・文例集＞ 第2版

2018年7月20日　初版第1刷発行
2021年5月10日　初版第2刷発行

著　　者	ケアプラン研究会
発行人	佐々木 幹夫
発行所	株式会社 翔泳社　（https://www.shoeisha.co.jp）
印刷・製本	株式会社 シナノ

ⓒ2018 Careplan Kenkyukai

- -

本書は著作権法上の保護を受けています。本書の一部または全部について（ソフトウェアおよびプログラムを含む）、株式会社 翔泳社から文書による快諾を得ずに、いかなる方法においても無断で複写、複製することは禁じられています。

- -

本書へのお問い合わせについては、2ページに記載の内容をお読みください。

- -

造本には細心の注意を払っておりますが、万一、乱丁（ページの順序違い）や落丁（ページの抜け）がございましたら、お取り替えいたします。03-5362-3705までご連絡ください。

- -

ISBN978-4-7981-5705-4　　　　　　　　　　　　　　　　　Printed in Japan